पद्म पुराण

डॉ॰ विनय

डायमंड बुक्स

प्रकाशक : **डायमंड पॉकेट बुक्स (प्रा.) लि.**
X-30 ओखला इंडस्ट्रियल एरिया, फेज-II
नई दिल्ली-110020
फोन : 011-40712200
ई-मेल : sales@dpb.in
वेबसाइट : www.diamondbook.in

Padma Purana

By : Dr. Vinay

प्रस्तावना

भारतीय जीवन-धारा में जिन ग्रंथों का महत्त्वपूर्ण स्थान है उनमें पुराण भक्ति ग्रंथों के रूप में बहुत महत्त्वपूर्ण माने जाते हैं। पुराण-साहित्य भारतीय जीवन और साहित्य की अक्षुण्ण निधि है। इनमें मानव जीवन के उत्कर्ष और अपकर्ष की अनेक गाथाएं मिलती हैं। भारतीय चिंतन-परंपरा में कर्मकांड युग, उपनिषद युग अर्थात् ज्ञान युग और पुराण युग अर्थात् भक्ति युग का निरंतर विकास होता हुआ दिखाई देता है। कर्मकांड से ज्ञान की ओर आते हुए भारतीय मानस चिंतन के ऊर्ध्व शिखर पर पहुंचा और ज्ञानात्मक चिंतन के बाद भक्ति की अविरल धारा प्रवाहित हुई।

पवित्र 'कूर्म पुराण' ब्रह्म वर्ग के अंतर्गत आता है। इस पुराण में चारों वेदों का श्रेष्ठ सार निहित है। समुद्र-मंथन के समय मंदराचलगिरि को समुद्र में स्थिर रखने के लिए देवताओं की प्रार्थना पर भगवान् विष्णु ने कूर्मावतार धारण किया था। तत्पश्चात् उन्होंने अपने कूर्मावतार में राजा इन्द्रद्युम्न को ज्ञान, भक्ति और मोक्ष का गूढ़ रहस्य प्रदान किया था। उनके ज्ञानयुक्त उपदेश को इस पुराण में संकलित किया है। इसलिए इस पुराण को 'कूर्म पुराण' कहा गया है। इस पुराण का ज्ञान महर्षि व्यास ने अपने शिष्य रोमहर्षण (लोमहर्षण) सूतजी को प्रदान किया था। तत्पश्चात् नैमिषारण्य में महर्षि रोमहर्षण सूतजी ने शौनकादि ऋषि-मुनियों को यह पुराण सुनाया था।

यद्यपि कूर्म पुराण एक वैष्णव प्रधान पुराण है, तथापि इसमें शैव तथा शाक्त मत की भी विस्तृत चर्चा की गई है। इस पुराण में पुराणों में पांचों प्रमुख लक्षणों-सर्ग, प्रतिसर्ग, वंश, मन्वंतर एवं वंशानुचरित का क्रमबद्ध तथा विस्तृत विवेचन किया गया है।

हम आज के जीवन की विडंबनापूर्ण स्थिति के बीच से गुजर रहे हैं। हमारे बहुत सारे मूल्य खंडित हो गए हैं। आधुनिक ज्ञान के नाम पर विदेशी चिंतन का प्रभाव हमारे ऊपर बहुत अधिक हावी हो रहा है इसलिए एक संघर्ष हमें अपनी मानसिकता से ही करना होगा कि अपनी परंपरा में जो ग्रहणीय है, मूल्यपरक है उस पर फिर से लौटना होगा। साथ में तार्किक विदेशी ज्ञान भंडार से भी अपरिचित नहीं

रहना होगा-क्योंकि विकल्प में जो कुछ भी हमें दिया है वह आरोहण और नकल के अतिरिक्त कुछ नहीं। मनुष्य का मन बहुत विचित्र है और उस विचित्रता में विश्वास और विश्वास का द्वंद्व भी निरंतर होता रहता है। इस द्वंद्व से परे होना ही मनुष्य जीवन का ध्येय हो सकता है। निरंतर द्वंद्व और निरंतर द्वंद्व से मुक्ति का प्रयास मनुष्य की संस्कृति के विकास का यही मूल आधार है। हमारे पुराण हमें आधार देते हैं और यही ध्यान में रखकर हमने सरल, सहज भाषा में अपने पाठकों के सामने पुराण-साहित्य प्रस्तुत करने का प्रयास किया है। इसमें हम केवल प्रस्तोता हैं लेखक नहीं। जो कुछ हमारे साहित्य में है उसे उसी रूप में चित्रित करते हुए हमें गर्व का अनुभव हो रहा है।

'डायमण्ड पॉकेट बुक्स' के *श्री नरेन्द्रकुमार जी* के प्रति हम बहुत आभारी हैं कि उन्होंने भारतीय धार्मिक जनता को अपने साहित्य से परिचित कराने का महत् अनुष्ठान किया है। देवता एक संज्ञा भी है और आस्था का आधार भी इसलिए वह हमारे लिए अनिवार्य है। और यह पुराण उन्हीं के लिए है जिनके लिए यह अनिवार्य है।

–डा० विनय

अनुक्रमणिका

सृष्टि खण्ड

सृष्टि की उत्पत्ति और विकास

पद्म-पुराण सृष्टि की उत्पत्ति अर्थात् ब्रह्मा द्वारा सृष्टि की रचना और अनेक प्रकार के अन्य ज्ञानों से परिपूर्ण है तथा अनेक विषयों के गम्भीर रहस्यों का इसमें उद्घाटन किया गया है। इसमें सृष्टि खंड, भूमि खण्ड और उसके बाद स्वर्ग खण्ड महत्त्वपूर्ण अध्याय है। फिर ब्रह्म खण्ड और उत्तर खण्ड के साथ क्रिया योग सार भी दिया गया है। इसमें अनेक बातें ऐसी है जो अन्य पुराणों में भी किसी-न-किसी रूप में मिल जाती है। किन्तु पद्म पुराण में विष्णु के महत्त्व के साथ शंकर की अनेक कथाओं को भी लिया गया है। शंकर का विवाह और उसके उपरान्त अन्य ऋषि-मुनियों के कथानक तत्त्व विवेचन के लिए महत्त्वपूर्ण है।

बहुत प्राचीन बात है कि लोमहर्षण ने एकान्त में उग्रश्रवा को बुलाकर पद्म-पुराण के दिव्य ज्ञान को फैलाने का आदेश दिया। उन्होंने कहा कि जैसे मैंने अपने गुरु व्यास से इसे सुना है, उसी तरह तुम भी इसका विस्तार करो। जब उग्रश्रवा ने पूछा कि ऐसे महत्त्वपूर्ण श्रोता कहां मिलेंगे। तब उन्होंने बताया कि बहुत पहले की बात है, प्रयागराज में अनेक ऋषि-मुनियों ने भगवान नारायण से तप के लिए पवित्र स्थान बताने के लिए कहा था। तब उन्हें नैमिषारण्य नामक स्थान प्राप्त हुआ था। वहां अनेक ऋषि एकत्रित हुए और दिव्य ज्ञान की चर्चाएं चलती रही।

इधर जब उग्रश्रवा नैमिषारण्य पहुंचे तो ऋषि ने उनका स्वागत करके उनके आने का कारण पूछा। तब उन्होंने कहा कि मैं आप लोगों को इतिहास और पुराण का ज्ञान देने के लिए आया हूँ। तब सौनक ने उनसे पद्म-पुराण सुनाने का अनुरोध किया उग्रश्रवा ने कहा कि पुराण धर्म, काम और मोक्ष का साधन है। असुरों के द्वारा वेदों का अपहरण कर लिया गया था तो उन्होंने मत्स्य का रूप धारण करके उनका उद्धार किया और वहीं पर ब्रह्मा ने उनका आगे विस्तार किया लेकिन वेदों का बहुत

अधिक प्रचलन नहीं हुआ। फिर ब्रह्मा ने वेद व्यास के रूप में अवतार लिया और पुराणों के माध्यम से वेदों के ज्ञान की अभिव्यक्ति की।

जिस तत्त्वज्ञान को मैं तुम्हें बताने जा रहा हूँ उसे या उसमें संचित कथा और ज्ञान को पद्म-पुराण की संज्ञा इसलिए दी गई है कि ब्रह्मा ने भगवान विष्णु के नाभि कमल से उत्पन्न होकर सृष्टि-रचना सम्बन्धी ज्ञान का विस्तार किया। विद्वानों के अनुसार इसमें पांच और सात खण्ड हैं। किसी विद्वान ने पांच खण्ड माने हैं और कुछ ने सात। पांच खण्ड इस प्रकार है-

1. **सृष्टि खण्ड :** इस खण्ड में भीष्म ने सृष्टि की उत्पत्ति के विषय में पुलस्त्य से पूछा। पुलस्त्य और भीष्म के संवाद में ब्रह्मा के द्वारा रचित सृष्टि के विषय में बताते हुए शंकर के विवाह आदि की भी चर्चा की।
2. **भूमि खण्ड :** इस खण्ड में भीष्म और पुलस्त्य के संवाद में कश्यप और अदिति की संतान, परम्परा, सृष्टि, सृष्टि के प्रकार तथा अन्य कुछ कथाएं संकलित है।
3. **स्वर्ग खण्ड :** स्वर्ग खण्ड मे स्वर्ग की चर्चा है। मनुष्य के ज्ञान और भारत के तीर्थों का उल्लेख करते हुए तत्त्वज्ञान की शिक्षा दी गई है।
4. **ब्रह्म खण्ड :** इस खण्ड में पुरुषों के कल्याण का सुलभ उपाय धर्म आदि की विवेचन तथा निषिद्ध तत्त्वों का उल्लेख किया गया है। पाताल खण्ड में राम के प्रसंग का कथानक आया है। इससे यह पता चलता है कि भक्ति के प्रवाह में विष्णु और राम में कोई भेद नहीं है। उत्तर खण्ड में भक्ति के स्वरूप को समझाते हुए योग और भक्ति की बात की गई है। साकार की उपासना पर बल देते हुए जलंधर के कथानक को विस्तार से लिया गया है।
5. **क्रियायोग सार खण्ड :** क्रियायोग सार खण्ड में कृष्ण के जीवन से सम्बन्धित तथा कुछ अन्य संक्षिप्त बातों को लिया गया है। इस प्रकार यह खण्ड सामान्यत: तत्त्व का विवेचन करता है।

पद्म-पुराण के विषय में कहा गया है कि यह पुराण अत्यन्त पुण्य- दायक और पापों का विनाशक है। सबसे पहले इस पुराण को ब्रह्मा ने पुलस्त्य को सुनाया और उन्होंने फिर भीष्म को और भीष्म ने अत्यन्त मनोयोग से इस पुराण को सुना क्योंकि वे समझते थे कि वेदों का मर्म इस रूप में ही समझा जा सकता है।

ऋषियों ने उग्रश्रवा से कहा कि सबसे पहले तो यह बताइए कि भीष्म और पुलस्त्य दोनों का सम्मेलन कैसे हुआ? और इन दोनों ने कहां पर यह ज्ञान-चर्चा की।

तब सूत ने उन्हें बताया कि भीष्म गंगा द्वार पर रहा करते थे और एक बार वहां घूमते-घूमते पुलस्त्य पहुंचे तो उन्होंने भीष्म से कहा कि वे ब्रह्मा की आज्ञा से उनके पास आए हैं। यह सुनकर भीष्म ने उन्हें प्रणाम किया और कहा कि वे उन्हें ब्रह्मा द्वारा रचित सृष्टि-रचना के विषय में विस्तार से बताएं। तब यह पद्म-पुराण पुलस्त्य ने भीष्म को सुनाया, और मैं आप लोगों को बताता हूँ।

भीष्म ने पुलस्त्य से कहा कि आप सबसे पहले यह बताने की कृपा करें कि ब्रह्मा के मन में संसार रचने की भावना कैसे उत्पन्न हुई? यह सुनकर ऋषि भीष्म से बोले कि मनुष्य की सभी भाव शक्तियां ज्ञानगम्य और अचिन्त्य है। ब्रह्मा की सृष्टि रचना-सम्बन्धी शक्तियां भी इसी तरह की है। ब्रह्मा तो नित्य हैं किन्तु फिर भी सृष्टि उनके ही उपचार से उत्पन्न मानी जाती है। ब्रह्मा का सबसे पहला काल परिमाण स्वरूप बताते हए पुलस्त्य ऋषि ने कहा कि साठ घड़ी का मनुष्यों का एक दिन-रात होता है। पंद्रह दिन-रात का एक पक्ष। पक्ष दो होते हैं शुक्ल और कृष्ण। दोनों पक्षों का एक मास होता है। इसके उपरांत छः मासों का एक अयन-अयन दो होते हैं-उत्तरायण और दक्षिणायन। इन दोनों अयनों का एक वर्ष होता है। मनुष्यों का एक वर्ष देवताओं का एक दिन और एक रात होता है और इस तरह एक सहस्र वर्ष के सत्युग, त्रेता, द्वापर और कलियुग आदि चार युग होते हैं। इन चार युगों की एक चौकड़ी के परिमाण में ब्रह्मा का एक दिन होता है।

ब्रह्मा के एक दिन में चौदह मनु होते हैं। जितने परिमाण के दिन होते हैं उतने ही परिमाण की रात्रि। इस तरह 365 दिन और रात का उनका एक वर्ष होता हैं और ऐसे 500 वर्षों की उनकी अवस्था कही गई है। इस गणना से अब तक उनकी आयु का अभी एक ही वर्ष व्यतीत हुआ है। ऋषि से भीष्म ने पूछा कि आप यह बताने का कष्ट करें कि सृष्टि की उत्पत्ति कैसे हुई? इस पर पुलस्त्य जी ने कहा कि बहुत पहले कल्प के अन्त में लोक को शून्य और पृथ्वी को जल में डूबी हुई देखकर ब्रह्मा ने विष्णु का स्मरण किया। विष्णु वराह का रूप धारण करके जल में डूबी हुई पृथ्वी के पास गए और जब पृथ्वी ने भगवान को अपने पास आते हुए देखा तो उनकी उपासना की और अपने उद्धार की प्रार्थना भी की। उन्होंने कहा आपने इससे पहले भी मेरा उद्धार किया है और आज फिर आप मेरा उद्धार कीजिए। यह सुनकर भगवान वराह ने भयंकर गर्जन किया और पृथ्वी पर अनेक द्वीप तथा पहाड़ों की रचना कर दी। इसके बाद उन्होंने ब्रह्मा से प्राकृत, वैकृत और नवविध सृष्टि की रचना करने के लिए कहा। यह सुनकर भीष्म ने इस वर्णन को विस्तार से जानने की इच्छा प्रकट की। तब पुलस्त्य ने कहा कि ब्रह्मा के मुख से सत्त्वगुण, वक्ष और जंघाओं से रजोगुण और पैरों से केवल तमोगुण से युक्त प्रजा-सृष्टि की उत्पत्ति हुई। यही प्रजा ब्राह्मण,

क्षत्रिय, वैश्य और शूद्र कहलाई। इसके बाद यज्ञ की उत्पत्ति और निष्पत्ति के लिए उन्होंने मनुष्य को चार वर्गों में विभाजित कर दिया। यज्ञों से देवता लोग प्रसन्न और तृप्त होते हैं और मनुष्य भी इसी जीवन में स्वर्ग और मोक्ष की प्राप्ति करते हैं। यज्ञ में सिद्धि देने के लिए वर्ण-व्यवस्था बनाई गई है।

ब्रह्मा ने यज्ञादि कर्म करने की दृष्टि से सांसारिक व्यवस्था की और उसके बाद उत्तम रूप से निवास करने की सृष्टि की है। फिर उन्होंने ब्राह्मण, क्षत्रिय, वैश्य, शूद्रों के लिए प्रजापति के, इन्द्र के, मरुत के और गन्धर्व के लोक बनाए और उन्होंने अनेक प्रकार के अन्धकार और दुःखों को तथा अनेक नरकों को बनाया। जिससे दुष्ट व्यक्ति को दण्ड दिया जा सके। इसके बाद ब्रह्मा ने अपने ही समान नौ-भृगु, पुलस्त्य, पुलह, ऋतु, अंगिरा, मरीचि, दक्ष, अत्रि और वसिष्ठ-मानव-पुत्रों की रचना की। पुराणों में इन नौ ब्रह्मा-पुत्रों को 'ब्रह्म आत्मा वै जायते पुत्रः' ही कहा गया है। ब्रह्मा ने सर्वप्रथम जिन चार-सनक, सनन्दन, सनातन और सनत्कुमार-पुत्रों का सृजन किया, लोक में आसक्त नहीं हुए और उन्होंने सृष्टि रचना के कार्य में कोई रुचि नहीं ली। इन वीतराग महात्माओं के इस निरपेक्ष व्यवहार पर ब्रह्मा के मुख से त्रिलोकी को दग्ध करने वाला महान क्रोध उत्पन्न हुआ। ब्रह्मा के उस क्रोध से एक प्रचण्ड ज्योति ने जन्म लिया। उस समय क्रोध से जलते ब्रह्मा के मस्तक से अर्धनारीश्वर रुद्र उत्पन्न हुआ। ब्रह्मा ने उस अर्ध-नारीश्वर रुद्र को स्त्री और पुरुष दो भागों में विभक्त कर दिया।

प्रजापत्य कल्प में भगवान ब्रह्मा ने रुद्र रूप को ही स्वायंभु मनु और स्त्री रूप में सतरूपा को प्रकट किया और फिर उसके बाद प्रियव्रत, उत्तानपाद, प्रसूति और आकूति नाम की संतानों को जन्म दिया। फिर आकूति का विवाह रुचि से और प्रसूति का विवाह दक्ष से किया गया। दक्ष ने प्रसूति से 24 कन्याओं को जन्म दिया। इसके नाम श्रद्धा, लक्ष्मी, पुष्टि, धृति, तुष्टि, मेधा, क्रिया, बुद्धि, लज्जा, वपु, शान्ति, ऋद्धि और कीर्ति है। तेरह का विवाह धर्म से किया और फिर भृगु से ख्याति का, भव से सति का, मरीचि से सम्भूति का, अंगिरा से स्मृति का, पुलस्त्य से प्रीति का, पुलह से क्षमा का, कृति से सन्नति का, अत्रि से अनसूया का, वशिष्ट से ऊर्जा का, वह्व से स्वाह का तथा पितरों से स्वधा का विवाह किया। आगे आने वाली सृष्टि इन्हीं से विकसित हुई।

इसके बाद भीष्म ने पूछा कि लक्ष्मी की उत्पत्ति के विषय में आप मुझे विस्तार से बताइए क्योंकि इस विषय में कथानक है। यह सुनकर पुलस्त्य बोले कि एक बार घूमते हुए दुर्वासा ने अपरूपा विद्याधरी के पास एक बहुत सुन्दर माला देखी। वह गन्धित माला थी। ऋषि ने उस माला को अपने जटाओं पर धारण करने के लिए

मांगा और प्राप्त कर लिया। दुर्वासा ने सोचा कि यह माला प्रेम के कारण दी और वे कामातुर हो उठे। अपने काम के आवेग को रोकने के लिए इधर-उधर घूमे और घूमते हुए स्वर्ग पहुंचे। वहां उन्होंने अपने सिर से माला हटाकर इन्द्र को दे दी। इन्द्र ने उस माला को ऐरावत के गले में डाल दिया और उससे वह माला धरती पर गिर गई और पैरों से कुचली गई। दुर्वासा ने जब यह देखा कि उसकी माला की यह दुर्गति हुई तो वह क्रोधित हुए और उन्होंने इन्द्र को श्रीहीन होने का शाप दिया। जब इन्द्र ने यह सुना तो भयभीत होकर ऋषि के पास आये पर उनका शाप लौट नहीं सकता था। इसी शाप के कारण असुरों ने इन्द्र और देवताओं को स्वर्ग से बाहर निकाल दिया। देवता ब्रह्मा की शरण में गये और उनसे अपने कष्ट के विषय में कहा। ब्रह्मा देवताओं को लेकर विष्णु के पास गये और उनसे सारी बात कही। तब विष्णु ने देवताओं को दानव से सुलह करके समुद्र-मन्थन करने की सलाह दी और स्वयं भी सहायता का आश्वासन दिया। उन्होंने बताया कि समुद्र मन्थन से उन्हें लक्ष्मी और अमृत प्राप्त होगा। अमृत पीकर वे अजर और अमर हो जाएंगे। देवताओं ने भगवान विष्णु की बात सुनकर समुद्र-मन्थन का आयोजन किया। उन्होंने अनेक औषधियां एकत्रित की और समुद्र में डाली। फिर मन्थन किया गया। वासुकी नाग के मुख से निकले हुए जहर से बुझे हुए सांसों से असुरों को कष्ट होने के उपरान्त भी हिम्मत नहीं छोड़ी और फिर सारे रत्न निकले। अमृत कलश देवताओं के हाथ में न आकर असुरों के हाथ में आया किन्तु भगवान ने मोहिनी का रूप धारण करके कलश पर अधिकार कर लिया। मोहिनी ने ऐसा जादू डाला कि दानव पराजित हो गये और देवताओं ने उन्हें हरा कर अपना खोया हुआ वैभव फिर से प्राप्त कर लिया।

इसके बाद पुलस्त्य ने बताया कि यह लक्ष्मी भृगु की भार्या ख्याति के पेट से पैदा हुई। भृगु और विष्णु का विवाद बहुत पुराना है। मुनि ने बताया कि लक्ष्मी ने अपनी कुमारी अवस्था में एक पुर की स्थापना की थी और विवाह के बाद वह अपने पिता को दे दिया। विवाह के बाद लक्ष्मी ने जब अपनी सम्पत्ति मांगी तो भृगु ने उसे नहीं लौटाया। इस पर लक्ष्मी के पति विष्णु ने सम्पत्ति लौटाने की प्रार्थना की। भृगु ने भगवान विष्णु की भर्त्सना की और कहा कि जब वे धरती पर उत्पन्न होंगे तब नारी के सुख से वंचित रहेंगे।

यह सुनकर भीष्म ने कहा कि आप मुझे सूर्य वंश का विवरण बताइए। तब पुलस्त्य ने सूर्य वंश का विवरण बताते हुए कहा कि वैवस्वत मनु के दस पुत्र थे। इल, इक्ष्वाकु, कुशनाम, अरिष्ट, धृष्ट, नरिष्यन्त, करुष, महाबली, शर्याति और पृषध पुत्र थे। मनु ने ज्येष्ठ पुत्र इल को राज्य पर अभिषिक्त किया और स्वयं तप के लिए

वन को चले गए। इल अर्थसिद्धि के लिए रथारूढ़ होकर निकले। वह अनेक राजाओं को बाधित करता हुआ भगवान शम्भु के क्रीड़ा उपवन की ओर जा निकले। उपवन से आकृष्ट होकर वह अपने अश्वारोहियों के साथ उसमें प्रविष्ट हो गये। पार्वती द्वारा विदित नियम के कारण इल और उसके सैनिक तथा अश्वादि स्त्री रूप हो गए। यह स्थिति देखकर इल के बन्धु-बान्धवों ने इल के पुरुषत्व के लिए भगवान शंकर की स्तुति-आराधना की। भगवान शंकर प्रसन्न तो हुए परन्तु उन्होंने इल को एक मास स्त्री और एक मास पुरुष होने का विधान किया। स्त्री रूप में इस इल के बुध से पुरुरवा नाम वाले एक गुणी पुत्र का जन्म हुआ। इसी इल राजा के नाम से ही यह प्रदेश 'इलावृत्त' कहलाया। इसी इल के पुरुष रूप में तीन-उत्कल, गये और हरिताश्व- बलशाली पुत्र उत्पन्न हुए। वैवस्वत मनु के अन्य पुत्रों में से नष्यिन्त का शुक्र., नाभाग का अम्बरीष, धृष्ट के धृष्टकेतु, स्वधर्मा और रणधृष्ट, शर्याति का आनर्त पुत्र और सुकन्या नाम की पुत्री आदि उत्पन्न हुए। आनर्त का रोचिमान् नामक बड़ा प्रतापी पुत्र हुआ। उसने अपने देश का नाम आनर्त रखा और कुशस्थली नाम वाली पत्नी से रेव नामक पुत्र उत्पन्न किया। इस रेव के पुत्र रैवत की पुत्री रेवती का बलराम से विवाह हुआ।

मनु के दूसरे पुत्र इक्ष्वाकु से विकुक्षि, निमि और दण्डक पुत्र उत्पन्न हुए। इस तरह से यह वंश-परम्परा चलते-चलते हरिश्चन्द्र, रोहित, वृष, बाहु और सगर तक पहुंची। राजा सगर के दो स्त्रियां थी-प्रभा और भानुमति। प्रभा ने और्वाग्नि से साठ हजार पुत्र और भानुमति केवल एक पुत्र की प्राप्ति की जिसका नाम असमंजस था। यह कथा बहुत प्रसिद्ध है कि सगर के साठ हजार पुत्र कपिल मुनि के शाप से पाताल लोक में भस्म हो गए थे और फिर असमंजस की परम्परा में भगीरथ ने गंगा को मनाकर अपने पूर्वजों का उद्धार किया था। इस तरह सूर्य वंश के अन्तर्गत अनेक यशस्वी राजा उत्पन्न हुए।

भीष्म ने आगे पूछा कि मेरे अन्य पितरों के विषय में बताने की कृपा करें। इसके उत्तर में पुलस्त्य बोले कि स्वर्ग में सात पितृगण हैं-चार मूर्तिक और तीन अमूर्तिक। इनका निवास दक्षिण दिशा में माना गया है। इन पितरों का संतानों के द्वारा उचित श्राद्ध होना चाहिए। श्राद्ध के तीन प्रकार बताये गये हैं, नित्य, नैमित्तिक और काम्य। श्राद्ध करने वाले को चाहिए कि वह किसी वेद को जानने वाले जितेन्द्रिय ब्राह्मण को आमन्त्रित करे और दक्षिण की तरफ मुंह करके श्राद्ध कर्म के बाद ब्राह्मण को भोजन कराए फिर उसके बाद सुन्दर वस्त्रों से सज्जित गाय या पृथ्वी (भूमि) का उदारता-पूर्वक दान करें। श्राद्ध के लिए महत्त्वपूर्ण दिन चैत्र व भाद्र तृतीया,

आश्विन की नवमी, कार्तिक शुक्ला नवमी, आषाढ की दसवीं, श्रावण की अष्टमी महत्त्वपूर्ण है। तीर्थों में किया गया श्राद्ध विशेष फल देने वाला होता है।

इसके उपरांत भीष्म ने पुलस्त्य के चन्द्रवंश के प्रतापी राजाओं के विषय में जानना चाहा। यह सुनकर पुलस्त्य ने कहा कि ब्रह्मा ने अत्रि को सृष्टि-रचना का आदेश दिया तो उन्होंने तपस्या की। उनकी आंखों से जल बहने लगा। जिसे ग्रहण करके दिशाएं गर्भवती हो गई। लेकिन उनका तेज सहन न करने के कारण दिशाओं ने उन्हें त्याग दिया। ब्रह्मा उस बालक को रथ पर बैठाकर ले गये। उसी का नाम चन्द्र पड़ा और औषधियों ने उसे पति के रूप में स्वीकार किया। चन्द्र ने हजारों वर्ष तक विष्णु की उपासना की और उनसे यज्ञ में भाग ग्रहण करने का अधिकार पा लिया। इसके बाद चन्द्र ने एक यज्ञ आयोजित किया जिसमें अत्रि होता बने, ब्रह्मा उद्‌गाता, विष्णु स्वयं ब्रह्मा बने और भृगु अध्वर्यु। शंकर ने रक्षपाल की भूमिका निभाई और इस तरह चन्द्र सम्पूर्ण ऐश्वर्य से परिपूर्ण हो गया। उसने अपने गुरु की पत्नी तारा को भी अपनी सहचरी बना दिया। जब बृहस्पति ने तारा को लौटाने का अनुरोध किया तो चन्द्रमा ने उसकी एक भी नहीं सुनी और अपनी जिद पर अड़ा रहा तो शिव को क्रोध आ गया। उसके कारण ही चन्द्रमा ने तारा को लौटाया। जब तारा के पुत्र हुआ तो उसका नाम बुध रखा गया, वह चन्द्रमा का पुत्र था। बुद्ध से इला के गर्भ से पुरुरवा ने जन्म लिया। पुरुरवा ने उर्वशी से आठ संतानें उत्पन्न की। इनमें से मुख्य पुत्र आयु के पांच पुत्र हुए और उनमें रजि के सौ पुत्र हुए जो राजेश कहलाये। रजि ने विष्णु को प्रसन्न करके देव असुर और मनुष्यों पर विजय पाने की शक्ति ले ली। देवताओं ने इसकी सहायता से असुरों पर विजय प्राप्त की और रजि ने इन्द्र को ही अपना पुत्र समझकर उसे राज्य दे दिया और वन में चला गया। लेकिन बाद में रजि के अन्य पुत्रों ने अपना राज्य छीन लिया। जब इन्द्र ने गुरु बृहस्पति से इसकी शिकायत की तो उन्होंने रजि के पुत्रों को धर्मभ्रष्ट होने का शाप दिया। जिससे फिर इन्द्र ने उनकी हत्या कर दी।

आयु के पहले पुत्र नहुष से यति, ययाति, शर्याति, उत्तर, पर, अयाति और नियति सात पुत्र हुए। ययाति राजा बना और उसने अपनी पहली पत्नी से द्रुह्य, अनु और पुरु तथा दूसरी देवयानी से यदु और तुरवशु पुत्र उत्पन्न किए।

भीष्म की इस वंश के विस्तार की कथा सुनाते हुए पुलस्त्य ने कहा कि एक बार देव और दानवों में युद्ध छिड़ गया। उसमें दानवों का पराजय हुआ तब उसके गुरु शुक्राचार्य ने तप किया। किन्तु उस तप से इन्द्र ने चिन्तित होकर अपनी पुत्री जयंती को शुक्राचार्य के वश में करने के लिए भेजा। जयंती ने उसकी देखभाल की और सेवा की और तपस्या के पूरे होने पर शुक्राचार्य ने शिव से वरदान प्राप्त किया। जब

शुक्राचार्य ने जयंती से सौ वर्ष तक साथ रहकर एकांत विहार की इच्छा प्रकट की तो शुक्राचार्य ने उसे स्वीकार कर लिया। दूसरी ओर इन्द्र ने अपनी योजना की सफलता अपने गुरु को दी। तब देव गुरु शुक्राचार्य का रूप धारण कर दानवों के पास गये और दानव उन्हें अपना वास्तविक गुरु मानकर उनसे यज्ञ कार्य कराने लगे। बृहस्पति अपनी योजना की पूर्ति के लिए समय की प्रतीक्षा करने लगे। सौ वर्ष बीतने पर जब शुक्राचार्य वहां पहुंचे तो उन्हें वास्तविकता का पता चला। शुक्राचार्य ने आचार्य की बुराई की लेकिन असुर लोग बनावटी आचार्य के जाल में फंस गये थे। उन्होंने वास्तविक आचार्य की अपेक्षा की और तब शुक्राचार्य ने उन्हें पतित होने का शाप दिया। जब दानवों को एक दिन आचार्य ने धर्म का मार्ग बताना प्रारम्भ किया तब उन्होंने कहा–हे असुरों! यज्ञ–कर्म मोक्षदायक नहीं होते। वैदिक धर्म दुःखसूचक और अज्ञानपूर्ण है। यदि यज्ञ में वध करने से पशु को स्वर्ग की प्राप्ति होती है तो यजमान अपने ही पिता का वध क्यों नहीं करता। इस तरह कपटी आचार्य ने असुरों को अच्छे कर्म से विरक्त कर दिया। फिर एक बार मुण्डी अर्हत वहां आये तो उन्होंने दानवों को हमेशा के लिए अच्छे मार्ग से हटाने का षडयंत्र कर दिया। उन्होंने मुण्डी की बहुत प्रशंसा की और उसे दानवों को दीक्षा देने का प्रस्ताव किया और दानवों ने यह प्रस्ताव स्वीकार कर लिया। मुण्डी ने उन्हें सबसे पहले वस्त्रों को त्यागने और नंगा होने का आदेश दिया। फिर सिरों का मुंडन करने का आदेश दिया। अर्हत ने उन्हें अपना घर–द्वार छोड़ने और वैराग्यमय जीवन बिताने का भी आदेश दिया। इस तरह दानव भिक्षु बन गये और नर्मदा के किनारे रहने लगे। गुरु अपने घर लौट आये और इन्द्र को अपनी सफलता की सूचना दी। जब इन्द्र ने यह देखा तो पूछा तुम लोगों ने यह वेश क्यों धारण किया? तब दानवों ने कहा कि हमने दानवपन त्याग दिया। आप तीनों लोकों का राज्य करें। यह सुनकर इन्द्र अपने स्वर्ग में लौट आये। वह दानवों के उत्तर से प्रसन्न और निश्चिंत हुए। इधर शुक्राचार्य को बहुत कष्ट हुआ और उन्होंने दानवों को बहुत समझाया। तब उन्होंने सबसे पहले अपना नंगा रूप त्यागा और फिर वे क्रूर बुद्धि वाले बन गये।

ऋषि पुलस्त्य से मुनि भीष्म ने पूछा कि ब्रह्म–हत्या के पाप से मुक्ति पाने वाले ब्रह्मा ने पुष्कर तीर्थ में तप किया। आप मुझे पुष्कर तीर्थ का महत्त्व बताइये। पुलस्त्य ने यह सुनकर उत्तर दिया कि एक बार वैराज नामक ब्रह्म भवन में देव सभा में बैठे हुए ब्रह्मा ने सोचा कि शंकर आदि देवताओं ने अपने स्थानों को तीर्थों का महत्त्व दिया। मैं फिर क्यों न एक स्थान को या अपने जन्म–स्थान को आदि–तीर्थ की गरिमा दूं। यह भावना पूरी करने के लिए ब्रह्मा पुष्कर तीर्थ में गये और उन्होंने विराट यज्ञ किया। ब्रह्मा जब उस प्रदेश में गए तो उनके हाथ का कमल नीचे गिर गया। उस

कमल (पद्म) के नीचे गिरते ही पृथ्वी पर भूकम्प आ गया। चारों तरफ भय व्याप्त हो गया और जब देवता विष्णु के पास गये तो वहां विष्णु उनको साथ लेकर ब्रह्मा को ढूंढने निकले लेकिन उन्हें सफलता नहीं मिली। तब वायु ने कहा कि ब्रह्मा को पाने के लिए आप तप कीजिए। तब देवताओं ने वैसा किया तो ब्रह्मा प्रकट हुए और कहा कि मैंने मन में उन्मत्त बज्रनाभ की हत्या के लिए कमल गिराया है। जहां कमल गिरा है वह स्थान पुष्कर तीर्थ के रूप में माना जाएगा। इस तरह उन्होंने पुष्कर तीर्थ की योजना बताते हुए कहा कि यहां परम धार्मिक सदाचारी पुरुष ही आयेंगे और स्त्री, म्लेच्छ तथा पशु-पक्षी भी जो यहां प्राणों का त्याग करेंगे वह भी स्वर्ग जायेंगे। कलियुग में इससे बड़ा तीर्थ और कोई नहीं होगा। क्योंकि यहां मेरा और विष्णु का प्रत्यक्ष निवास है। इसलिए इसके समान कोई तीर्थ नहीं होगा।

ब्रह्मा ने अपने यज्ञ में ब्राह्मणों को निमंत्रित किया था और उसमें ब्रह्म सप्तऋषि, सनतकुमार प्रजापति और भगवान विष्णु तक पधारे थे। भृगु होता थे और पुलस्त्य अर्थात् मैं अध्वर्यु था। मरीचि उद्गाता बने तथा नारद को ब्रह्मा का स्थान दिया गया।

ब्रह्मा जब यज्ञमण्डप में बैठे तो ब्रह्मा की पत्नी सावित्री को बुलाया गया किन्तु उसने वहां अकेले आने से मना कर दिया और कहा कि स्वाहा, अरुन्धती और अनसूयादि नहीं आई है। समय के व्यतीत होने के कारण ब्रह्मा ने इन्द्र से दूसरी पत्नी की व्यवस्था करने के लिए कहा पृथ्वी पर इन्द्र आए और गोरस बेचती हुए एक कन्या को बलपूर्वक ले गए! उस कन्या ने ब्रह्मा को देखा और मुग्ध हो गई। ब्रह्मा ने उसका नाम गायत्री रखा और उससे विष्णु की सहमति से विवाह किया तथा यज्ञकर्म करने लगे। इधर वह आभीर अपनी लड़की को ढूंढते हुए वहां आया। उसे भी विष्णु ने शांत किया। इसी समय सावित्री ने यज्ञ-स्थल में आकर देखा कि दूसरी नारी ब्रह्मा के साथ बैठी है। वह बहुत नाराज हुई और ब्रह्मा के कहने का कोई प्रभाव नहीं पड़ा। विष्णु के कहने पर सावित्री शांत तो हो गई किन्तु उन्होंने यह शाप दिया कार्तिक पूर्णिमा के अतिरिक्त उनकी कभी पूजा नहीं होगी। इसके बाद दानव यज्ञ भूमि में आ गए और विष्णु की कृपा से यज्ञ सम्पन्न हुआ। यज्ञ के पूरे होने पर सरस्वती ने यज्ञ की अग्नि को समुद्र में डाल दिया और वह बड़वाग्नि के रूप में स्थापित हुई तथा गुप्त रूप से सरस्वती के रूप में प्रकट हुई। इसके बाद पुलस्त्य ने नन्दा नाम से प्रसिद्ध होने का सरस्वती का इतिहास बताया।

पुलस्त्य बोले कि एक बार प्राचीन काल में प्रभंजन नामक राजा ने एक मृगी को बाण मार दिया था जो अपने बच्चे को दूध पिला रही थी। तब मृगी ने उसे राक्षस होने का शाप दे दिया। राजा ने कहा कि यह अपराध अज्ञान में हुआ है और अपने

उद्धार का उपाय पूछा तब मृगी ने कहा कि जब नन्दा धेनु से उसकी भेंट होगी तो उनका उद्धार होगा। कुछ समय बाद अनेक योनियों में भटकने के बाद राजा व्याघ्र योनि में आया और सुनन्दा नामक गाय को देखा तथा उसे खाने को उत्सुक हुआ, गाय ने कहा कि मेरे बच्चे के दूध पीने तक ठहर जाओ। व्याघ्र ने उसे छोड़ दिया। घर लौटने पर सुनन्दा बच्चे को बहुत प्यार करने लगी और उसने अपने पुत्र से सब कुछ बता दिया। वह व्याघ्र के पास जाने के लिए उत्सुक हुई तो सब लोगों ने मना किया। जब व्याघ्र को सुनन्दा की ईमानदारी का पता चला तो वह बहुत प्रभावित हुआ। उसने उसे खाने का अपना विचार बदल दिया और उसके परिचय पाते ही उसका शाप खत्म हो गया। तब सुनन्दा ने कहा कि धर्मराज की आज्ञा से ही उसने सुनन्दा की परीक्षा ली थी। तुम खरी उतरी हो, कोई वर मांगों तब नन्दा ने वहां से सरस्वती नदी के नाम से पुकारे जाने का वर मांगा और यह बात स्वीकार कर ली गई।

इस पुष्कर क्षेत्र की महिमा बड़ी विचित्र है। पुलस्त्य ने कहा कि सतयुग में कालेय नाम के दानव ने वृत्तासुर के सहारे देवताओं से युद्ध किया था और देवता लोग भाग खड़े हुए थे। तब यहीं पर ब्रह्मा ने महर्षि दधीचि के पास जाकर उनसे हड्डियां मांगने की बात कही थी जिससे वज्र बन सके और वृत्तासुर मारा जा सके। दधीचि से इन्द्र ने जाकर अस्थियों की प्रार्थना की और त्वष्टा ने दधीचि की हड्डियों से वज्र बनाया और फिर दानवों से युद्ध किया। इन्द्र ने वृत्तासुर की हत्या कर दी लेकिन क्योंकि वह ब्राह्मण था इसलिए इन्द्र डरकर तालाब में घुस गया और इधर दानव देवताओं को दुखी करने लगे। तब विष्णु भगवान ने देवताओं को बताया कि आप पुष्कर क्षेत्र में सरस्वती नदी के किनारे तप करते हुए अगस्त्य के पास जाओ और उनसे समुद्र के पानी को पीने की प्रार्थना करो। विष्णु की आज्ञा से देवता वहां गए और उन्होंने अगस्त्य को प्रसन्न किया। अगस्त्य ने लोक कल्याण के लिए समुद्र का पान करना स्वीकार कर लिया। उसके बाद देवताओं को दानवों ने पीटा। दानव पाताल में चले गये। यह देखकर देवताओं ने जल पीने के लिए प्रार्थना की और जब अगस्त्य ने असमर्थता बताई तो ब्रह्मा ने कहा कि गंगा के आने पर यह समुद्र अपने आप में पूरा हो जाएगा।

इसके बाद पुलस्त्य ने पुष्कर के निवास करने वाले ऋषियों के त्याग और तपस्या पर प्रकाश डाला। उन्होंने बताया कि एक बार बहुत भयंकर अकाल पड़ गया था। अत्रि, वशिष्ठ आदि भूख से व्याकुल हो गए थे। राजा ने इन ऋषियों को दान देना चाहा लेकिन इन लोगों ने नहीं लिया क्योंकि दान से ब्रह्म तेज कम होता है। इसके बाद यह सब भटकते हुए एक पद्म-युक्त तालाब के किनारे पहुंचे तो वहां शुनःशेप

नाम के संन्यासी आये और इस संन्यासी ने इन ऋषियों से पूछा कि सर्वोत्तम दान कौन-सा होता है और निष्कृष्टतम वेदना कौन-सी होती है? इसके उत्तर में उन्होंने बताया कि भूख निकृष्ट वेदना है और अन्न का दान सर्वश्रेष्ठ दान है। क्योंकि भूख से पीड़ित व्यक्ति विवेकहीन हो जाता है। उन्होंने यह भी बताया कि दमन सर्वोत्तम तप है। दम से ही तप, यज्ञ और दान की सिद्धि होती है। दूसरी स्त्रियों को माता के समान, दूसरे के धन को मिट्टी के समान और प्रत्येक प्राणी को अपने समान मानने वाला व्यक्ति राग-द्वेष से रहित होकर जब किसी पदार्थ की इच्छा नहीं करता तब उसे दम कहा जाता है, दम से भूख जैसी वेदना भी सहनीय हो जाता है।

पुष्कर तीर्थ का महत्त्व बताते हुए पुलस्त्य से कहा कि इस तीर्थ में माघ के महीने की द्वादशी का व्रत रखने से स्त्री, संतान और सम्पत्ति का सुख मिलता है। राजा पुष्पवाहन ने भी वशिष्ठ से यह जाना कि पुष्कर में किए गए तप के कारण उसे सम्पत्ति मिली है। पुष्कर में चौदहवीं का व्रत और दान करने से लक्ष्मी प्राप्त होती है। इसी तरह धर्ममूर्त्ति राजा को लक्ष्मी प्राप्त हुई थी। वशिष्ठ ने बताया कि उनकी कृपा से ही उस राजा ने पुष्कर में व्रत किया था और उसे बैकुण्ठ की प्राप्ति हुई। जो व्यक्ति आश्विन के महीने में एकादशी को बिना खाए-पीए फिर द्वादशी का व्रत रखता है उसे शोक से मुक्ति मिलती है। पुलस्त्य ने बताया कि एक बार इन्द्र ने दानवों के विनाश के लिए वायु और अग्नि को समुद्र सुखाने का आदेश दिया तो इन दोनों ने मना कर दिया। तब इन्द्र ने क्रोधित होकर मरुत और अग्नि को मनुष्य योनि में पैदा होने का शाप दिया और फिर यह भी कहा कि समुद्र-पान करने पर ही शाप से मुक्ति होगी। फिर बाद में इन दोनों ने अगस्त्य और वशिष्ठ के रूप में जन्म लिया। अगस्त्य ने मलयाचल में तप किया तो इन्द्र ने अप्सराएं भेजकर तप में बाधा डालनी चाही। अगस्त्य ने सागर के जल का पान किया, तब उन्होंने यह कार्य देवताओं के पक्ष में किया तो शंकर उनके सामने आये और उनसे वर मांगने के लिए कहा। तब अगस्त्य ने यह वर मांगा कि वह दक्षिण दिशा में सप्त लोकों का दर्शन कर सकें।

पुष्कर तालाब के जल की उत्पत्ति का कथानक बताते हुए पुलस्त्य ने कहा कि एक बार कृतयुग में दैत्यों ने देवताओं को पराजित करके सम्पूर्ण भूमंडल पर आधिपत्य कर लिया था। उस समय इन्द्र के नेतृत्व में देवता ब्रह्मा की शरण में गए और उनसे इस आपत्ति से उद्धार की प्रार्थना करने लगे। ब्रह्मा बोले-मैं जानता हूँ कि मुझसे प्राप्त वरदान से ही दैत्य गर्वित हो गए हैं। ब्रह्मा ने भगवान विष्णु का स्मरण किया और उनके प्रत्यक्ष होते ही उनसे देवों के उद्धार की प्रार्थना की। भगवान देवों की दुर्दशा से द्रवित हो गए और उन्होंने वामन अवतार लेकर देवों का कल्याण करने के अपने निश्चय से उन्हें अवगत कराया। इसके बाद अदिति के गर्भ से वामन के

रूप में विष्णु ने जन्म लिया और बलि के पास गए। बलि ने उनका स्वागत-सत्कार किया। इन्द्र ने अपने साथ वामन के रूप में आए ब्राह्मण के लिए कहा कि इन्हें तीन डग पृथ्वी चाहिए। बलि ने तुरन्त स्वीकृति दे दी और शुक्राचार्य के बताने पर भी कि यह याचक भगवान विष्णु हैं, इनकों कोई दान न देना, बलि ने उनकी बात नही सुनी और कहा कि यदि याचक भगवान विष्णु हैं तो मेरे से अधिक धन्यभागी और कौन होगा!

दैत्यराज बलि ने तीन पग भूमि देने का संकल्प कर लिया और फिर वामन ने विराट रूप धारण कर पहले चरण से सूर्य-लोक, दूसरे से ध्रुव लोक और तीसरे से ब्राह्मांड को नाप लिया। उनके अंगूठे के अगले भाग से ब्रह्मांड के अलग होने पर जल की धारा निकली जो सारे लोकों में अतिक्रमण करके पुष्कर में आई और वह विष्णुपदी गंगा कहलाई।

भीष्म ने पूछा कि बलि पाताल में कैसे आया तो बताया कि तीसरे पग को पूरा करने के लिए जब बलि से कहा गया तो उसने अपना सिर आगे कर दिया। जैसे भगवान ने उसके सिर पर पैर रखा वैसे ही वह पाताल में प्रविष्ट हो गया। बलि के इस वृत्तांत को सुनकर भीष्म ने कहा कि पुष्कर को अन्तरिक्ष में ले जाने वाला शिव-दूती का चरित्र सुनाइए और नाग तीर्थ का भी वर्णन कीजिए। यह सुनकर ऋषि बोले-

पुराने समय की बात है कि अनेक नाग तक्षक, वासुकि, महाबल, कर्कोटक, नागेन्द्र, कुलिक, शंख आदि से संसार भर गया। प्रजा पीड़ित होने लगी। ब्रह्मा को बहुत चिंता हुई तो उन्होंने सांपों को बुलाकर उनको बुरा-भला कहा और जनमेजय के नाग-यज्ञ में उनके नष्ट होने की भविष्यवाणी की। तब सर्प ब्रह्मा से बोले कि हमने तो आपके ही द्वारा बताया हुआ आचरण किया है फिर आपने हमें यह दण्ड क्यों दिया? आप हमारी मर्यादा निर्धारित कर दीजिए। यह सुनकर ब्रह्मा ने उन्हें सुतल, वितल और तलातल लोकों में रहने का और दुष्ट मनुष्यों का भक्षण करने का आदेश दिया, साथ यह भी कहा कि जरत्कारू नामक ब्राह्मण से तुम्हारी बहिन जरत् कन्या से जो पुत्र उत्पन्न होगा वह जनमेजय के नाग-यज्ञ में तुम्हारी रक्षा करेगा। ब्रह्मा ने भी उन्हें यहां शीतल जल धारा के पास उत्तर की ओर मुख करके ठहर जाने की अनुमति दी इसलिए यह स्थान नाग-तीर्थ के रूप में प्रसिद्ध है।

पुलस्त्य ने कहा कि भगवान शंकर की जटा से उत्पन्न शिव-दूती ने बहुत समय तक नीलगिरि पर तप किया और समुद्र में निवास करने वाले रुद्र ने समुद्र से निकल देवलोक पर आक्रमण कर दिया। देवता लोग युद्ध में पराजित हुए और वहां आए जहां शिव-दूती तपस्या कर रही थी।

देवताओं ने उसे अपने पीछे आती हुई दानवों की सेना की ओर संकेत करते हुए अपने भय का कारण बताया तो शिव दूती ने सुन्दरियों की एक सेना एकत्रित कर दी और फिर उस संघर्ष में दैत्यराज पुष्कर को उठाकर पाताल लोक में ले गए। बाद में शिव-दूती ने वहां से उसका उद्धार किया और उन्हें फिर से नीलगिरि ले आई।

बहुत समय की बात है अनेक ऋषि स्नान करने के लिए पुष्कर में आए। उन्होंने वहां 12 वर्ष तक तपस्या की उनकी तपस्या पर प्रसन्न होकर देवताओं ने आकाश में स्थित पुष्कर को धरती पर बुलाया।

इसके बाद ऋषि ने बताया कि इस तीर्थ का महत्त्व इसलिए भी अधिक है कि राम ने चित्रकूट पर अत्रि से जब यह पूछा कि बन्धु वियोग से मुक्त करने वाला तीर्थ कौन-सा है तब उन्होंने पुष्कर तीर्थ का ही नाम लिया और यह भी बताया कि इस तीर्थ में दो पर्वत हैं। उनके बीच तीन कुण्ड है और वहीं पर एक सौभाग्य कूप है जहां पिण्डदान करने से पितरों को मोझ मिलता है। यह सुनकर राम पुष्कर तीर्थ देखने के लिए गए। वहां मारकण्डेय ने उन्हें सभी स्थल दिखाए और राम ने फिर वहां विश्राम किया। राम की तीर्थ के प्रभाव से रात्रि में स्वप्न में अपने बन्धुओं के दर्शन हुए। फिर प्रातःकाल उन्होंने ऋषियों को अपने स्वप्नों को सुनाया और उनके आदेश के अनुसार श्राद्ध कर्म सम्पन्न किया। ब्राह्मण के भोजन करने के समय सीता वहां से उठकर चली गई तो श्राद्ध के बाद जब राम ने सीता से उठकर चले जाने का कारण पूछा तो उन्होने बताया कि मैंने ससुर को यहां साक्षात् उपस्थित देखा और अपने ससुर को ब्राह्मणों के अंगों में उपस्थित देखकर वहां बने रहने के लिए मुझे संकोच हुआ और मैं वहां से उठकर चली आई। यह सुनकर राम दूसरे दिन बड़े पुष्कर तीर्थ चले गये। वहां उन्होंने पितरों का तर्पण किया।

इसके बाद भीष्म ने पुष्कर पर्वत पर स्थित क्षेमंकरी देवी का चरित्र सुनाने के लिए कहा। उनके प्रश्न के उत्तर में ऋषि ने कहा कि इस तीर्थ में क्षेमंकरी ने तपस्या करके सिद्धि प्राप्त की थी लेकिन एक बार उनके मन में रजोगुण का प्रवेश हो गया और उन्हें क्रोध हो आया। जिससे अनेक कुमारियां उत्पन्न हुई, उनके निवास के लिए देवी ने सुन्दरपुर का निर्माण किया और ठीक तरह से उसका संचालन करती रहीं। कुछ समय बाद ओंकार नारद वहां आए तो देवी ने उनका आदर-सत्कार किया और आने का कारण पूछा। तब नारद ने कहा कि और कोई उद्देश्य नहीं है, केवल उनके दर्शन करने हैं। नारद क्षेमंकरी के रूप को देखकर मुग्ध हो गए और वहां से जाने के बाद वे महिषासुर के पास पहुंचे तो अपनी आदत के अनुरूप वहां उन्होंने महिषासुर के क्षेमंकरी के रूप और सौन्दर्य की प्रशंसा की, जिसे सुनकर स्वाभाविक रूप से वह उसे पाने के लिए बेचैन हो उठा। फिर उस असुर ने प्रभास नामक अपने

मन्त्री को देवी को अधिकार में न करने के परामर्श के विरोध में दूसरे मन्त्रियों की सहायता ली। महिषासुर ने सबसे पहले इन्द्रपुरी पर आक्रमण कर दिया और देवों को पराजित किया। फिर वहां क्षेमंकरी के पास विवाह का प्रस्ताव भेजा। दूत ने जाकर उनसे कहा कि परम प्रतापी सिंधु द्वीप का पुत्र महिषासुर के लिए मैं विवाह का प्रस्ताव लेकर आया हूँ। दूत ने महिषासुर के उच्च कुल में उत्पन्न होने और उनकी माता को तपस्या के विषय में बताया। उसने बताया कि उनकी माता ने एक महात्मा को तरह-तरह की पशु वाणी बोलकर डराने का प्रयास किया था और खुद भैंस का स्वर उच्चारित किया जिसको सुनकर मुनि ने इसी रूप में 100 वर्ष तक रहने का शाप दे दिया। फिर वह महिषी शाप की मुक्ति का उपाय पूछने लगी तो उन्होंने बताया कि इसी तरह के एक पुत्र उत्पन्न करके तुम्हारा शाप दूर हो जाएगा। उस मुनि को प्रणाम करके महिषी नर्मदा के किनारे चली गई। अवसर ही ऐसा आया कि जहां वह निर्वस्त्र होकर स्नान कर रही थी वहां सिंधु द्वीप, जो प्रतापी महात्मा था, आ गया। इस तरह का सुन्दर और निर्वस्त्र महिषी को देखकर उसका तेज स्खलित हो गया और उसे महिषी ने खा लिया। इस तरह महिषासुर का जन्म हुआ। इस वृत्तान्त को सुनाकर दूत ने प्रस्ताव स्वीकार करने का निवेदन किया तो देवी हंसी और उसकी सहेली ने कहा कि देवी की बात तो दूर, तुम्हारा राजा उसकी दूतियों को भी नहीं प्राप्त कर सकता। इस पर दूत ने युद्ध की चुनौती दे दी। नारद ने देवताओं की पराजय से जब देवी को अवगत कराया तो इन कुमारिकाओं ने भयंकर युद्ध किया और दैत्य की सेना को तहस-नहस कर दिया। तब महिषासुर ने सीधा देवी पर आक्रमण किया तो देवी ने रुद्र का स्मरण किया और अन्ततः भयंकर युद्ध के बाद देवी के शस्त्र प्रहार से महिषासुर यमलोक चला गया।

देवताओं ने देवी की स्तुति प्रारम्भ कर दी और उन्होंने पुष्कर पर्वत पर सम्पूर्ण कामनाओं की पूर्ति का विधान किया फिर देवता अपने लोक चले गये। पुलस्त्य ने कहा कि देवी साक्षात रूप में ज्ञान शक्ति है और महिषासुर अज्ञान का प्रतीक है। ज्ञान से अज्ञान का नाश होता है और अज्ञान समय-समय पर अलग-अलग रूप में प्रकट होकर देवताओं को कष्ट देता है। किन्तु जब-तब ज्ञानस्वरूपा भगवती देवी, चामुण्डा, काली, रुद्र-शक्ति आदि के रूप में अनेक रूप ग्रहण कर दुष्टों का नाश करती है और विश्व में ज्ञान का प्रकाश करती है।

इस कथा को सुनने के बाद भीष्म ने ऋषि से चार प्रश्न किए।

1. भगवान विष्णु के नाभि कमल का रहस्य क्या है?
2. नाभि कमल से ब्रह्मा की उत्पत्ति का रहस्य क्या है?

3. शेषनाग पर सोते हुए भगवान का पुष्कर क्षेत्र पर इतना बड़ा व्यापक प्रभाव कैसे पड़ा?

4. सृष्टि की उत्पत्ति का रहस्य और स्वरूप क्या है?

भीष्म की जिज्ञासा के उत्तर में पुलस्त्य ने कहा- ये संसार भगवान नारायण की ही अभिव्यक्ति है। यह उन्हीं की विवृत है। जगत रूप में नारायण स्वयं अभिव्यक्त होते हैं। चर-अचर और इसके परे जो कुछ है वह पुरुष परमेश्वर ही है।

सृष्टि के काल में अनेक रूप स्थापित किए गए हैं जैसे 4 हजार वर्षों की अवधि सतयुग में धर्म चार पैरों वाला होता है और 3 हजार वर्षों की अवधि वाले त्रेता युग में धर्म के तीन पैर रह जाते हैं। इसके परिणाम से चारों वर्णों में विकृति पैदा होती है। द्वापर में 2 हजार वर्षों की अवधि होती है और धर्म के दो पैर रह जाते हैं जिसके परिणामस्वरूप इस युग में दुष्ट, धोखेबाज किस्म के लोग अधिक होते हैं और 1200 वर्षों की अवधि वाले कलियुग में धर्म का एक ही पैर रह जाता है। यहां वर्णाश्रम धर्म के विपरीत आचरण होने लगता है। इस तरह बारह हजार वर्ष की इस चार युगी काल की अवधि के बीतने पर प्रभु सृष्टि का संवरण कर देते हैं। सूर्य, वायु, आकाश नष्ट हो जाते हैं और भगवान सब कुछ को अपने में समेटकर विश्राम करते हैं।

फिर युगों तक सब कुछ ऐसा ही रहता है और फिर से वे 'एकोऽहं बहु स्याम' की कल्पना से सृष्टि-रचना का संकल्प करते हैं और इस संकल्प मात्र से अनेक वेद, उपनिषद, ऋत्विक, होता आदि का प्रादुर्भाव होता है फिर उस समय विराट पुरुष के द्वारा उनके मुख से धीरे-धीरे मारकण्डेय निकलते हैं। मारकण्डेय चारों तरफ अन्धकार देखते हैं तो उस पुराण पुरुष के पेट में समा जाते हैं और जब वे उसके उदर में जाते हैं तो वहां पुष्कर तीर्थ के दर्शन करते हैं। फिर जब बाहर आते हैं तो पीपल के पत्ते पर सोये हुए बालमुकुन्द को देखते हैं और सृष्टि का रहस्य पूछते हैं।

इसके बाद भगवान नारायण विश्व के चिर निर्माण के लिए महाभूतों का चिंतन करते और साथ ही समुद्र को बड़े जोर से हिलाते हैं, जिससे सूक्ष्म छिद्र से वायु निकलकर आन्तरिक हिलोरों से बढ़ती ही जाती है। हिलोरों के साथ वायु का संघर्ष होने से अग्नि की उत्पत्ति होती है। अग्नि जल की मात्रा को सुखाती है और फिर जलीय स्तर के घट जाने से आकाश स्वतः निकल आता है। इसके पश्चात् बहुरूप भगवान ब्रह्मा के प्रादुर्भाव की चिन्ता करते हुए जलक्रीड़ा करने लगते हैं जिससे उनकी नाभि से हिरण्यमय कमल की उत्पत्ति होती है।

भगवान के नाभि-कमल से सम्पूर्ण लोकों के रचयिता ब्रह्मा प्रादुर्भूत होते हैं। भगवान की नाभि से उद्भूत पद्म को रसा अथवा पृथ्वी के नाम से पुकारा जाता

है। वस्तुतं : भगवान की सृष्टि-रचना के उद्देश्य की पूर्ति के लिए ही पृथ्वी पुष्कर से उत्पन्न हुई है, अतः यह प्रादुर्भाव भी पुष्कर नाम से प्रसिद्ध है।

इसके बाद जब ब्रह्मा सृष्टि की रचना के लिए तपस्या करते हैं तो योगाचार्य और सांख्य के आचार्य के रूप में भगवान ही उन्हें ज्ञान का उपदेश देते हैं। फिर जब ब्रह्मा के मानस-पुत्र विरक्त हो जाते हैं और ब्रह्मा सृष्टि की रचना नहीं कर पाते तो भगवान नारायण स्वयं अपने आधे शरीर से सुन्दर भार्या की रचना करते हैं और फिर उसमें अपनी समान प्रजापति आदि संतानों की सृष्टि करके विस्तार करते हैं और इस तरह प्रलय तक सृष्टि का क्रम चलता रहता है।

इसके बाद भीष्म ने शंकर के पुत्र कार्तिकेय की उत्पत्ति का वृत्तांत सुनना चाहा जिसके उत्तर में उन्होंने बताया-बहुत प्राचीन समय की बात है कि कश्यप ने वरदान से दिति के गर्भ से वज्रांग नाम का एक पुत्र पैदा हुआ। माता के आदेश पर वह इन्द्र को बांधकर ले आया और उनका वध करने की सोचने लगा। कश्यप और ब्रह्मा ने मां और बेटे दोनों को समझाया कि इन्द्र प्रतिष्ठित देव हैं, उनका वध नहीं करना चाहिए। इस पर वज्रांग ने अपनी माता की अनुमति से इन्द्र को मुक्त कर दिया। कुछ समय बाद वज्रांग अपनी पत्नी के साथ वन में तप करने चला गया। जब वज्रांग तपस्यारत था तो इन्द्र ने वरांगी को बहुत दुखी किया। जब उसका पति लौटकर आया तो उसने उससे इन्द्र की सारी दुष्टता की बात कही। यह सुनकर भी उसने वरांगी से धैर्य धारण करने के लिए कहा और यह भी कहा कि वह समय की प्रतीक्षा करे। कुछ समय बाद वरांगी ने तारक नाम के बलशाली पुत्र को जन्म दिया। वह इतना बलशाली था कि अनेक प्रबल असुर राजाओं ने उसे अपना महाराजा बना लिया। तारकासुर ने देवताओं को वश में करने के लिए तपस्या की और ब्रह्मा से अपनी अमृत्यु का वर मांगा। ब्रह्मा ने कहा कि जो उत्पन्न होता है उसकी मृत्यु तो स्वाभाविक है। तुम कुछ और मांगो। इस पर तारकासुर ने कहा कि सात दिन के बच्चे के अतिरिक्त और किसी भी आयु के प्राणी से उसकी मृत्यु न हो। ब्रह्मा ने इसे स्वीकार कर लिया और अन्तर्ध्यान हो गए।

फलस्वरूप तारक ने सेना का संगठन किया और देवताओं पर धावा बोल दिया। बहुत सारे देवता मारे गये और कुछ थोड़े-बहुत जो बचे, वे इधर-उधर जाकर छिप गए। तारकासुर ने भी अपने सैनिकों को आदेश दिया कि वे देवताओं का वध न करें, केवल उसके सामने उन्हें बन्दी बनाकर लाएं। जब कालनेमि अनेक देवताओं को बांधकर ले आया तो तारकासुर ने बाकी देवताओं को तो मुक्त कर दिया लेकिन इन्द्र का मुण्डन करके, कुत्ते के पैर से निशान लगाकर, सफेद कपड़े पहनाकर छोड़ देने की आज्ञा दी। इस स्थिति से दुखी होकर सारे देवता मुक्ति का उपाय ज्ञात करने के

लिए ब्रह्मा के पास गए। वहां उन्होंने अपना सारा कष्ट कह सुनाया। ब्रह्मा ने उन्हें धीरज बंधाया और कहा कि वे जल्दी ही कुछ व्यवस्था करेंगे। उन्होंने देवताओं से कहा कि शंकर के पुत्र की उत्पत्ति तक वे प्रतीक्षा करें और उन्हें विदा कर दिया। इसके बाद ब्रह्मा ने रात्रि का स्मरण किया और फिर उसके आने पर उसके पूर्वजन्म का वृत्तान्त सुनाकर उसे अंश रूप में पार्वती की सहायिका बनने का आदेश दिया और स्वयं यह आदेश दिया कि वह हिमालय की पत्नी मेनका के उदर में प्रवेश करे और पुत्री के रूप में जन्म ले।

उस रात्रि ही हिमालय के यहां कन्या-रत्न रूप में जन्मी।

जब नारद को पता चला कि हिमालय के यहां एक कन्या ने जन्म लिया है तो उन्हें हर्ष हुआ और उन्होंने हिमालय से प्रार्थना की कि वे अपनी बेटी का विवाह शंकर से करने के लिए उसे प्रेरित करें। इन्द्र के यह कहने पर नारदजी ने अपना कर्त्तव्य निश्चित किया और हिमालय के घर गये, इधर तपस्वी भगवान शंकर को भी विवाह के लिए तैयार करने का आयोजन हुआ और इन्द्र ने कामदेव को बुलाकर कहा कि तुम रति और वसन्त को साथ लेकर शिव को प्रेममय करो। किसी तरह उनके मन में अनुराग पैदा करो और विवाह की इच्छा जागृत करने में सहयोग दो।

जब कामदेव ने कैलाश पर जाकर मादक वातावरण बनाया तो उसके मन में काम की उत्पत्ति हुई और वे पार्वती से संयोग की इच्छा करने लगे किन्तु उन्हें जल्दी ही वास्तविकता का ज्ञान हुआ और उन्होंने अपने योग की अग्नि से कामदेव को जला दिया। दूसरी तरफ हिमालय जब अपनी लड़की का विवाह करने चले तो रास्ते में उन्हें एक सुन्दर युवती रोती हुई दिखाई दी। पूछने पर पता चला कि वह रति है और उसका पति कामदेव शंकरजी द्वारा जला दिया गया।

यह सुनकर हिमालय को बहुत दुःख हुआ और उन्हें पार्वती का भविष्य अन्धकारमय दिखाई देने लगा, लेकिन पार्वती के मन में कोई विचलन नहीं पैदा हुआ। उन्होंने तप करने का विचार किया। पार्वती तपस्या करने के लिए चली गई और उन्होंने तपस्या आरम्भ कर दी। जब पार्वती ने कठोर तप किया, तब सप्तऋषियों ने उन्हें दर्शन दिए और तप करने का कारण पूछा। जब उन्हें पार्वती ने अपना मन्तव्य बताया तो उन्होंने कहा कि वे शिवजी को पति के रूप में प्राप्त करने के लिए तपस्या कर रही हैं। इस पर सप्तऋषियों ने कहा कि शिव तो अर्धनग्न रहते हैं और वे शरीर पर भस्म रमाते हैं, इस पर पार्वती ने कहा कि मैं शंकर को छोड़कर किसी और को पति के रूप में नहीं पाना चाहती। ऋषियों ने जब कहा कि किसी और देवता का कामना करो तो भी पार्वती अपने भाव पर दृढ़ रहीं, और उन्होंने कहा कि वे शंकर के कहने पर भी शंकर से विरत नहीं हो सकतीं। ऋषि उसकी बात से प्रसन्न हुए

और उन्हें पूर्णकाम होने का वरदान दिया। सप्तऋषियों ने हिमालय के यहां जाकर उन्हें कहा कि वे विवाह की तैयारियां करें। फिर थोड़े समय बाद शुभ मुहूर्त में शिव और पार्वती का विवाह सम्पन्न हो गया।

एक बार कुछ समय के बाद जब शिव और पार्वती अपने सुख में तल्लीन थे, तब देवताओं ने अग्नि को यह जानने के लिए भेजा कि इस संयोग का क्या फल निकला, क्या पार्वतीजी को कोई सन्तान हुई? जब अग्नि शिव के यहाँ गये तो अपने संयोग से शिव को हटना पड़ा और उनका वीर्य बाहर रह गया जिसे अग्नि ने उठा लिया। देवताओं ने उस वीर्य को एक तालाब में डाल दिया। एक समय भगवती पार्वती ने जब कमल के पत्ते से जल पिया तो वह वीर्य उनके पेट में पहुंच गया जिनसे यथासमय छः मुख वाला एक बालक उत्पन्न हुआ। उनका नाम कार्तिकेय रखा गया। फिर उसने देवताओं की सेना का सेनापति बनकर तारकासुर पर आक्रमण किया और उस पर घनघोर प्रहार करते हुए उसे जीत लिया, कुमार ने गदा से तारकासुर को मारा और देवताओं को प्रसन्न किया।

उसके उपरान्त भीष्म ने मुनि पुलस्त्य से नृसिंह अवतार की कथा सुननी चाही, तो ऋषि बोले–

बहुत समय पहले दिति–पुत्र हिरण्यकशिपु ने अपने तपोबल से ब्रह्मा को प्रसन्न करके वर प्राप्त कर लिये जिनके मद में मदोन्मत्त असुरराज ने संपूर्ण त्रिलोकी को अपने वश में कर लिया। यह न केवल इन्द्रासन का स्वामी बना बल्कि–सूर्य, चन्द्र, अग्नि, वरुण, वायु, कुबेर एवं यम आदि के रूप में भी व्यवहार करने लगा। उसके उद्दण्ड हो जाने से आतंकित देवगण स्वर्गलोक से भाग–भागकर भूलोक में भटकने लगे। सारे सिद्ध महात्मा, गंधर्व एवं नागदेव हिरण्यकशिपु को ही देवाधिदेव मानकर पूजा करने लगे। हिरण्यकशिपु अपनी शक्ति, प्रभुता एवं वैभव के मद में घोर विषय–लिप्त हो गया और निरंकुश होता गया।

हिरण्यकशिपु ने बालक प्रह्लाद की शिक्षा–दीक्षा का दायित्व अपने कुलगुरु को सौपा। कुछ समय बाद हिरण्यकशिपु जब पुत्र की प्रगति को देखने के लिए आश्रम पहुंचे तो प्रह्लाद ने शांत मन होकर कहा–राजन् ! जिसका न आदि है न मध्य और न अन्त है, जो बुद्धि और नाश से मुक्त, जगत का रचने वाला, पालन करने वाला, एवं संहार करने वाला है–वह परमपद विष्णु ही देवाधिदेव हैं। मैं उन श्रीचरण कमलों की ही विनतभाव से पूजा–अर्चना करता हूँ।

पुत्र प्रह्लाद के मुख से अपने विरुद्ध इस प्रकार अप्रीतिकर वचन सुनकर हिरण्यकशिपु आग–बबूला हो गया। उसने कुल–गुरु की ओर हेय दृष्टि से कुपित

होते हुए देखकर कहा-अरे नीच ब्राह्मण, तूने मेरे पुत्र को यह शिक्षा दी है। यह क्या बेहूदा अनर्गल भाषा बोल रहा है? ब्राह्मण ने दैत्यराज से गिड़गिड़ाते हुए शब्दों में जीवन-दान मांगते हुए कहा-महाप्रभु ! आपका पुत्र मेरी दी हुई शिक्षा आपको नहीं सुना रहा है, यह स्वयं अपने विचार दे रहा है। इस पर राजा ने क्रोधी मुद्रा में बालक से कहा-रे दुष्ट ! तुझे यह अनर्गल आलाप किसने सिखाया है? तो प्रह्लाद ने विनम्र शब्दों में कहा-आदरणीय पिताजी! वास्तव में सच्चे गुरु तो जन-जन के मन में विद्यमान स्वयं विष्णु हैं। उनकी स्वयं की कृपा से ही तो मैं यह सब सीख पाया हूं। तब हिरण्यकशिपु ने कहा-मूर्ख! इस जगत में मेरे अतिरिक्त अन्य कोई परमेश्वर नहीं! पुत्र होने के कारण तुम्हारा प्रथम अपराध क्षमा करता हूं। भविष्य में इस प्रकार का अनर्गल प्रक्रिया की पुनरावृत्ति तुम्हारे लिए संकट पैदा कर सकती है। पूर्ववत शांत भाव से प्रह्लाद ने पुनः कहा-हे पिता! परमपद विष्णु तो सकल जगत के कर्त्ता, नियंता एवं परमेश्वर हैं। उन्हीं की कृपा से तो प्रत्येक प्राणी अपनी-अपनी सुरुचि के अनुरूप व्यवहार करते हैं। ऐसा सुन हिरण्यकशिपु ने ब्राह्मण की ओर कठोर निर्देश देते हुए बालक प्रह्लाद को घर ले जाकर कठोरतम रीतियों से प्रशिक्षित करने का आदेश दिया।

ब्राह्मण प्रह्लाद को अपने आश्रम में ले आया और यथा निर्दिष्ट शिक्षा देने लगा। प्रह्लाद भी श्रदापूर्वक गुरु-सेवा करता हुआ विद्या-अर्जन में प्रवृत्त हो गया। पुनः कुछ समय व्यतीत होने पर हिरण्यकशिपु ने बालक प्रह्लाद की परीक्षा ली और वह फिर उसी प्रकार विष्णु के गुणों का गायन करने लगा। हिरण्यकशिपु ने अपने अनुचरों को बालक का वध करने का आदेश दे दिया।

हिरण्यकशिपु की आज्ञा पाते ही सैकड़ों-हजारों राक्षस अस्त्र-शस्त्र लेकर समूह के रूप में प्रह्लाद पर आक्रमण करने लगे लेकिन अडिग एवं विश्वासी प्रह्लाद का बाल भी बांका न कर सके। हिरण्यकशिपु ने अब और अधिक बड़ी सजा देते हुए सर्पदंश से उसे समाप्त करना चाहा। इसके लिए तक्षक जैसे विषैले सांप को आदेश दिया पर विपरीत प्रभाव से तक्षक एवं सर्पों की स्वयं की मणियां टूट गई। प्रह्लाद स्वस्थ रहा, उसका कुछ नहीं बिगड़ा। हिरण्यकशिपु ने मस्त हाथियों से उसे कुचलवाया किन्तु हाथी ने भक्त प्रह्लाद को कुचलने के स्थान पर सूंड़ से सिर पर बैठा लिया। जिन्होंने प्रमाद में उस पर प्रहार किए उसके स्वयं के दांत टूट गए। वे स्वयं आहत हो गए। अब दैत्यराज ने उसे अग्नि में भस्म करने का आदेश दिया तो अग्नि की उष्णता एवं ज्वलनशीलता भी प्रह्लाद के लिए प्रभावहीन रहीं।

ऐसा देखकर कुल-पुरोहितों ने प्रह्लाद की दिव्य शक्ति के आगे दैत्यराज को समझाते हुए क्रोध शांत करने का परामर्श दिया। उन्होंने कहा-हम उसे इस प्रकार

शिक्षा देंगे कि वह विपक्ष की तान छोड़कर आपके प्रति सरल, विनम्र एवं भक्त हो जाए। हिरण्यकशिपु के ऐसा करने के लिए समय दिया, किन्तु प्रह्लाद तो उल्टा दैत्य पुत्रों को ही विष्णु-भक्ति के प्रति प्रेरित करता हुआ, विष्णु सहस्र नाम का ही प्रचार करने लगा। दैत्यराज को जब यह ज्ञात हुआ तो उन्होंने उसे पाचक द्वारा भोजन में विष दिलवा दिया, किन्तु विष्णु की कृपा से प्रह्लाद वह विष भी पचा गया। यह सुनकर हिरण्यकशिपु को स्वयं आश्चर्य भी हुआ और वह स्तंभित रह गया। अब उसने अपने पुरोहितों की कृत्या उत्पन्न करने के लिए कहा। पुरोहित कुछ सशंकित हुए और उन्होंने हिरण्यकशिपु के भयानक विचार से उसे परिचित कराया और समझाया-हे पुत्र, तुम ब्रह्मा कुल में जन्मे हो। तुम्हारे पिता स्वयं बड़े पराक्रमी, सर्वशक्तिमान एवं सर्वोपरि पूज्य हैं। तुम उसके विपक्षी विष्णु के गुणगान करना क्यों नहीं छोड़ देते? प्रह्लाद ने विनम्र होकर कहा-महामना! मैं अपने पिता के महत्त्व की, शक्ति को समझता हूं किन्तु उनसे भी एक बड़ी सत्ता है और यह जगत उसी की कृपा से संचालित है। इसके आदिमूल परमपद विष्णु हैं। गुरुजनों ने अनेक प्रकार से समझाने पर भी भक्त प्रह्लाद तनिक भी विचलित न हुआ तो पुरोहितों ने कृत्या को उत्पन्न किया। वह प्रज्वलित शरीर वाली अमोघ शक्ति अपने प्रचंड रूप में अवतरित होकर पृथ्वी को कंपाती हुई भीषण आघात एवं उत्पात मचाती हुई प्रह्लाद की छाती में त्रिशूल मारने को उद्यत हुई। जैसे ही त्रिशूल का स्पर्श छाती से हुआ वह अमोघ अस्त्र खंड-खंड होकर बिखर गया। प्रत्युत्तर में कृत्या ने पुरोहित पर प्रहार किया।

दैत्यराज हिरण्यकशिपु ने जब इसका कारण प्रह्लाद से पूछा तो उसने विनम्र होकर कहा—हे पिताश्री, जिसके मन में श्रीहरि का वास होता है, उसके लिए यह बहुत सरल-सी बात है। जो उनकी सत्ता के विपरीत आचरण करके अशुभ करता है, वह उसका फल भोगता है। अतः हम सबको चाहिए कि उस आदि शक्ति विष्णु के स्वरूप को पहचानें और प्राणी मात्र से प्रेमपूर्वक व्यवहार करें।

अहंकारी हिरण्यकशिपु अभी भी दर्प से उन्मत्त था। उसने अनुचरों को आदेश देकर सौ योजन ऊंचे पर्वत से प्रह्लाद को पृथ्वी पर धकेल देने का आदेश दिया। अनुचरों ने वैसा ही किया किन्तु प्रह्लाद अभी भी सुरक्षित था। अब दैत्यराज ने शम्बरासुर का आह्वान किया और माया द्वारा प्रह्लाद का वध करने को कहा तो देव कृपा से सभी मायाएं एवं उत्पीड़न के प्रकार निरर्थक रहे और निर्द्वन्द्व प्रह्लाद गुरु-आश्रम में निश्चिंत दण्ड नीति सीखने लगा। कुछ समय बाद दैत्यराज को सूचना मिली की उनका पुत्र दण्डनीति में तथा शुक्रनीति में पारंगत हो गया है तो उन्होंने पुःन प्रह्लाद को अपने समीप बुलाकर उसकी परीक्षा रूप में प्रश्न किया। नगरवासियों एवं दास-जनों तथा अन्यान्य जनों के साथ कैसा व्यवहार करना चाहिए। तुम करणीय और अकरणीय का भेद किस प्रकार करोगे ?

प्रह्लाद बोला–पूज्य पिताजी! सैद्धांतिक रूप में मैंने इस सब विधान का गहन अध्ययन-मनन किया है और आपको इसका उदाहरण भी दे सकता हूं, फिर भी व्यवहार रूप में मैं इन्हें बिलकुल अनुपयोगी एवं त्याज्य नीति मानता हूं क्योंकि मुझे तो इस जगत में कोई भी शत्रु नहीं लगता है। इसीलिए साम, दाम, दण्ड या भेद का उपयोग क्या होगा? मैं मानता हूं, सब प्राणियों के मन में श्री विष्णु विद्यमान है! उन्हीं में मन रचाने से मित्र-शत्रु का भेद ही नहीं रहता। वह तो अज्ञान के कारण ही इस प्रकार के उपाय खोजता रहता है और विद्याओं की खोज कर लेता है जो उसके लिए लाभकारी होती है मनुष्य मात्र के लिए नहीं। जिस प्रकार अज्ञानी पतंगे को चिनगारी समझता है, उसी प्रकार दुर्बुद्धि या अल्पबुद्धि या बुद्धिहीन जीव ही प्राणी मात्र में शत्रु या मित्र का भाव रखते हैं। इसीलिए मुक्ति से वंचित रहते हैं। धन, वैभव, महत्ता एवं पद चाहने से नहीं, कर्म और भाग्य से मिलता है। उद्यम भी अपर्याप्त साधन है। भाग्य के वशीभूत ही प्राणी कष्ट एवं सुख का भागी होता है। भाग्य पुण्य-संचय से बनता है। पुण्य सत्कर्मों से बनता है अतः पुनः कर्म ही महत्त्वपूर्ण है जिससे मोक्ष भी मिलता है एवं सुख भी। इसीलिए परम पद विष्णु में मन लगाते हुए उन्हें ही जगदीश्वर जानकर प्राणीमात्र में अभेद मानना चाहिए फिर शत्रु-मैत्री भाव तो अज्ञान के कारण होते हैं। सत्कर्मों से ही प्रभु प्रसन्न होते हैं। उसकी प्रसन्नता से ही जीव प्रसन्न रहते हैं।

अब दैत्यराज को पुनः भीषण क्रोध उत्पन्न हो गया। उसने घृणा स्वरूप पुत्र की छाती में कसकर लात मारी और सेवकों को आज्ञा दी, इसे कसकर बांध दो और समुद्र में फेंक दो क्योंकि इसके जिन्दा रहने से दुरात्मा भी विष्णुगामी हो जाएंगे।

दैत्यराज के सेवकों ने राजा की आज्ञा का पालन करते हुए तुरन्त ही प्रह्लाद को नाग-फांस में बांधकर समुद्र में फेंक दिया। प्रह्लाद के इस प्रकार समुद्र में फेंके जाने पर भयंकर ज्वार आ गया और लगने लगा मानों समुद्र की ये ऊंची-ऊंची विशालकाय लहरें समूची धरती को ही निगल जाएंगी। समुद्र की इस उथल-पुथल को देखकर हिरण्यकशिपु ने सभी समीपवर्ती पर्वतों की चट्टानों से प्रह्लाद को दबा दिया ताकि वह उनके बोझ तले दबकर प्राणहीन हो जाए। किन्तु देव-कृपा से प्रह्लाद लेशमात्र भी कष्ट का अनुभव नहीं किया। यहां तक की प्रभु-कृपा से प्रह्लाद के बंध भी स्वयं खुल गए और शिलाएं हट गई। प्रह्लाद नदी में स्नान किए भक्त के समान स्वस्थ रूप में समुद्र से बाहर आ गये। अपने ऊपर प्रभु की इस कृपा के प्रति आभार प्रकट करते हुए प्रह्लाद ने विष्णु भगवान की अनेक प्रकार स्तुति-वन्दना की। प्रह्लाद की अपने प्रति इस अटूट आस्था और विश्वास से विष्णु इतने प्रसन्न हुए कि उन्होंने स्वयं साक्षात अपने चतुर्भुज रूप में भक्त को दर्शन दिए और कृपा-सिंधु ने उसकी मनोकामना पूरी करते हुए उसे वरदान मांगने के लिए कहा। गदगद प्रह्लाद

ने प्रभु की कृपा से अभिभूत जन्म-जन्मांतरों में श्री विष्णु भक्ति में लीन रहने का वरदान मांगा 'तथास्तु।' कहते हुए भगवान परमपद ने उससे किसी अन्य वर को मांगने का जब प्रस्ताव रखा तो प्रह्लाद ने कहा-प्रभु! मेरे पिता के मन में आपके प्रति जो द्वेष है तथा स्वयं शक्तिमान पुंग के रूप में अहम के कारण बार-बार मुझे यातनाएं देते हुए मरवाने का प्रयत्न में लीन रहने से जो पाप जाग गया है, कृपया उससे उन्हें मुक्ति दी जाय। विष्णु ने यह वरदान भी दे दिया। इसके बाद प्रह्लाद अपने पिता के पास गया तो पिता ने पहले तो उसके प्रति प्रेम प्रदर्शित किया लेकिन उनका यह प्रेम बहुत देर तक नहीं रह सका और उसने लोहे के खम्भे से प्रह्लाद को बंधवाना चाहा। भगवान विष्णु उसका यह संकट सहन नहीं कर पाए और लौह स्तम्भ को तोड़कर नृसिंह रूप में प्रकट हुए। वहां उन्होंने संध्या के समय दहलीज पर बैठकर हिरण्यकशिपु के वक्ष को चीर डाला और उसे यमलोक पहुंचा दिया।

इसके बाद भीष्म ने पुलस्त्य से कहा कि आप भगवान की लीला का वर्णन कीजिए। उनकी जिज्ञासा जानकर ऋषि ने उन्हें मधु हिरण्याक्ष आदि कुछ दैत्यों के वध का वर्णन किया।

बहुत पुराने समय की बात है कि हिरण्याक्ष की शक्ति के सामने जब देवता नहीं रुक पाए तो उनके कहने पर विष्णु ने हिरण्याक्ष को मारना स्वीकार कर लिया। दोनों का युद्ध होने लगा तो हिरण्याक्ष ने सैकड़ों बाण छोड़े लेकिन विष्णु पर उसका कोई प्रभाव नहीं हुआ। भगवान विष्णु ने हिरण्याक्ष के द्वारा फेंके गए पर्वत के भी टुकड़े-टुकड़े कर दिया। फिर उसने अपनी माया फैलाई और तीनों लोकों को मुख में रखकर पाताल में चला गया। युद्ध भयंकर रूप धारण कर रहा था। तब देवताओं की प्रार्थना से भगवान विष्णु ने अपने चक्र से उसका सिर काट दिया। उसके बाद पुलस्त्य बोले कि इस संसार में असुर का लक्षण देवता ब्राह्मण की निंदा करना, युद्ध से भागना, धरोहर का हरण करना और माता-पिता को कष्ट देना है। इस योनि में तो क्या, मूल रूप से असुर होने पर वे किसी भी योनि में अपना स्वभाव नहीं छोड़ते।

इसी तरह एक बार जब दानव मधु राक्षस के नेतृत्व में देवताओं से युद्ध कर रहे थे तब भी भगवान विष्णु ने देवताओं की प्रार्थना पर मधु का वध किया था। उस समय मधु ने अपनी दानवी माया से दैत्यों को भी देवताओं के रूप में दिखाना शुरू कर किया था। स्वयं उसने शिव का रूप धारण कर लिया। उसने विष्णु को बहुत अपशब्द कहे और उनके द्वारा छोड़े गए बाणों का सामना करने के लिए देवी का रूप धारण कर लिया। इस युद्ध में धुंध और शुन्ध दैत्य मारे गए। मधु राक्षस को मारने के कारण ही भगवान विष्णु मधुसूदन कहलाते हैं।

सामान्य रूप से जो मनुष्य पापी परिवार में पैदा होने के बाद भी भगवान की भक्ति करता है तो वह उसी तरह के अपने कुलों का उद्धार कर देता है जैसे प्रह्लाद,

बलि और अंधक ने की। भगवान की महिमा, का रहस्य नहीं जाना सकता। वे अपने से द्वेष रखने वालों को भी भक्त समझकर उनका उद्धार करते हैं।

एक बार ब्रह्मा से नारद ने पूछा था कि देवत्व की प्राप्ति कैसे हो सकती है? तो उन्होंने बताया था कि ब्रह्म के सार को जानने वाला ब्राह्मण देवत्व का प्रतीक होता है। जो व्यक्ति दान-मान से यज्ञ करता है, ब्राह्मण-पूजा करता है, उसके यश और धन की वृद्धि होती है। लेकिन ब्राह्मण भी वस्तुतः ब्राह्मण होना चाहिए। विद्या-पूत, मन्त्रपूत, वेद-पूत तथा तीर्थ स्थानों में भ्रमण करने से आत्मपूत ब्राह्मण श्रेष्ठ है। नारायण-भक्त, शुद्ध-चित्त, जितेन्द्रिय, काम-क्रोधादि विषयों से अप्रतिहत, समदर्शी, निर्लोभी, निष्काम, तथा पुराण-वक्ता ब्राह्मण श्रेष्ठ है। गायत्री मन्त्र का नियमित रूप से त्रिकाल जाप करनेवाला तथा प्राणायाम का अनुष्ठान करने वाला ब्राह्मण श्रेष्ठ है। ऐसे ब्राह्मण का आशीर्वाद अभ्युदय और निःश्रेयस की प्राप्ति का साधक है।

भीष्म ने पूछा कि जो ब्राह्मण पाप-कर्म करता है, उसका उद्धार कैसे होता है? तो पुलस्त्य ने एक कहानी सुनाई, जिसे पहले ब्रह्मा ने नारद को सुनाई थी। उन्होंने कहा कि प्राचीन काल में एक ब्राह्मण के युवा पुत्र ने किसी चण्डालिनी पर आसक्त होकर उससे विवाह कर लिया और उससे उसकी सन्तान हो गई। ब्राह्मण-कुल के तिरस्कृत और बहिष्कृत हो जाने के कारण वह ब्राह्मण कुमार चाण्डाल-परिवार का ही अंग बन गया, परन्तु ब्राह्मण-संस्कार उसमें अभी तक अवशिष्ट थे अतः न वह मांस-भक्षण करता था और न ही मदिरा-सेवन करता था। एक दिन उसकी पत्नी ने बलात् और हठात् उसके मुख में मदिरा डाली तो उसके मुख से अग्नि प्रज्वलित हो गई। उस समय उस आग से घर जलने लगा और आकाशवाणी हुई कि यह ब्राह्मण के ब्रह्मतेज का प्रभाव है।

इस घटना से वह ब्राह्मण-कुमार सचेत होकर ऋषियों के पास जाकर अपने उद्धार का उपाय पूछने लगा। ऋषियों ने उसे चन्द्रायण आदि कृच्छ्र व्रत करने तथा प्रभु-भक्ति करने का सुझाव दिया। ब्राह्मण-कुमार के वैसा अनुष्ठान करने पर उसका शीघ्र ही कल्याण हो गया।

इसी प्रसंग में गरुड़ की कहानी भी हमारे सामने आती है। गरुड़ ने अपने पिता के कहने पर पाप योनि मे पड़े हुए निषादों को खाकर अपनी भूख मिटानी शुरू की। एक दिन वह ब्राह्मण को निगल गए जो उसके गले में फंस गया। गरुड़ को बहुत कष्ट हुआ और इसका निवारण करने के लिए वह कश्यप के पास गये। कश्यप ने ब्राह्मण को बाहर निकलने के लिए कहा किन्तु उसने बताया कि निषादों के साथ ही उसकी गति है। इस पर कश्यप के कहने से गरुड़ ने निषादों को छोड़ दिया। उनकी उस उदारता पर प्रभु ने उन्हें अपना वाहन बना लिया। गरुड़ ने बहुत परिश्रम

से अपनी मां विनता को कद्रु के दास भाव से मुक्त कराने के लिए अमृत प्राप्त किया था लेकिन उसे इन्द्र ने चुरा लिया। इन्द्र ने अमृत के स्थान पर विष रख दिया और सभी सर्प विष खाने लगे।

नारद ने ब्रह्मा से पूछा कि ब्रह्म-तेज कैसे बढ़ता है और हम सदाचार किसे कहते हैं। उत्तर में ब्रह्मा बोले कि सन्तान के द्वारा माता-पिता की सेवा करना, स्त्री द्वारा पति की सेवा और सभी प्राणियों में मित्रता का भाव रखना, विश्वासघात न करना और निष्काम भाव से भगवान की भक्ति करना सदाचार में आता है। जो व्यक्ति सदाचार का पालन करता है, वह कल्याण को प्राप्त होता है। इसके विषय में एक प्राचीन कहानी सुनाते हुए ब्रह्मा ने कहा कि प्राचीन काल में एक नरोत्तम नाम का ब्राह्मण वन में तप करने चला गया और उसने माता-पिता का ध्यान नहीं किया। तप से उसे सिद्धि प्राप्त हुई और वह आकाश-विहारी हो गया। यहां तक कि उसे अपनी उपलब्धि पर अभिमान हुआ और वह माता-पिता को भूल गया। एक बार उसने पेड़ पर बैठी हुई चिड़िया को देखा तो उसके क्रोध से देखने पर चिड़िया जलकर नीचे गिर गई। इस बात से उसे बहुत गर्व हो गया। नरोत्तम मूक चाण्डाल के पास आया जो अपने माता-पिता की सेवा कर रहा था और उसने कहा कि धर्म-चर्चा के लिए थोड़ी प्रतीक्षा करें। लेकिन जैसे ही नरोत्तम ने क्रोधित होकर उसकी तरफ देखा तो मूक ने कहा कि वह चिड़िया नहीं है जो जल जाएगी। मूल ने नरोत्तम के वस्त्रों के आकाश में न सूखने और आकाशवाणी की सारी बातें भी बताई। उसने कहा कि यदि तुम्हें जल्दी है तो उस पतिव्रता के पास पहुंच जाओ।वहां से वह उस पतिव्रता के घर पहुंचा तो उसने कहा कि मैं अपने पति की सेवा कर रही हूं, इससे विश्राम लेकर ही उससे बात कर सकूंगी। जब नरोत्तम ने उससे भी वैसा व्यवहार किया तो उसने भी कहा कि मैं चिड़िया नहीं हूं।

नरोत्तम ने जब सारी बातें जानी तो उसे आश्चर्य हुआ और फिर वह उस पतिव्रता के कहने से तुलाधार के पास पहुंचा। तुलाधार अपने ग्राहकों को संतुष्ट कर रहा था। उसने भी उससे कहा कि आप तब तक के लिए रुक जाइए, जब तक कि अपने ग्राहकों को मैं संतुष्ट न कर दूं। उसके बाद ही मैं आपसे धर्म-कर्म की बात कर सकता हूं। यदि आपको शीघ्रता है तो आप अद्रोहक के पास चले जाइए। बनिए के नौकर ने नरोत्तम को अद्रोहक के पास पहुंचा दिया। अद्रोहक ने राजा द्वारा धरोहर के रूप में उसके घर रखी गई राजा की पत्नी को छः मास तक अपनी पत्नी के साथ अपने तख्त पर (शैया पर एक ओर अद्रोहक की पत्नी, एक ओर राजा की पत्नी सोती थी और मध्य में अद्रोहक सोता था) सुलाते हुए भी उसके प्रति कन्या का भाव अक्षुण्ण रूप में बनाए रखा था। राजा के लौटने पर जब लोगों ने राजा की पत्नी की पतिव्रता पर सन्देह प्रकट किया तो अद्रोहक ने अग्नि की चिता बनाई और उसमें

बैठकर आग लगा दी। सत्य के प्रताप से अग्नि शीतल हो गई और अपवाद करने वालों के मुंह में कुष्ठ रोग हो गया। मित्र के प्रति छल-कपट न करने से अद्रोहक को दिव्य दृष्टि मिली थी। नरोत्तम से पुण्य-चर्चा करते हुए उसे ब्राह्मण वेशधारी भगवान विष्णु जी के दर्शन कराए। तब भगवान ने अपने श्रीमुख से नरोत्तम को बताया कि उसकी दुर्दशा अपने माता-पिता की सेवा से विमुख होने से हुई है। यदि वह अब भी अपनी गलती सुधार ले तो उसे अपने वस्त्रों के आकाश में न सूखने अर्थात् तपःक्षीण होने का कारण पूछने के लिए कहीं भटकना नहीं पड़ेगा। इस सम्बन्ध में नरोत्तम को गणेश जी की सभी देवों से अग्रपूजा होने से सम्बन्धित आख्यान भगवान् जी इस प्रकार सुनाया-एक बार पार्वती ने अपने दोनों बालकों-स्कन्द और गणेश को एक लड्डू दिखाया, जिसकी सुगन्ध से आकृष्ट होकर दोनों उसे पाने की ललक करने लगे। पार्वती ने कहा कि वह दिव्य मोदक वह उस बालक को देगी, जो पृथ्वी की परिक्रमा में प्रथम आएगा। यह सुनते ही स्कन्द जी तो मयूर पर आरूढ़ हो पृथ्वी की परिक्रमा को चल पड़े, परन्तु गणेश जी, अपने स्थूल काया और मूषक जैसे वाहन से चिन्तातुर हो उठे। थोड़ी देर में उन्हें विचार आया और उन्होंने माता-पिता की परिक्रमा करने का निश्चय किया। इसके प्रभाव से गणेश जी दौड़ में प्रथम घोषित होकर मोदक के ही अधिकारी नहीं बनें, अपितु सभी गणों के अधिपति और सभी देवों में अग्रपूजा के अधिकारी भी बने। यह सब बताकर श्री भगवान जी ने कहा कि जिस प्रकार चाण्डाल मूक अपने माता-पिता की सेवा से, जिस प्रकार पतिव्रता स्त्री अपने पति की सेवा से, तुलाधार अपने सत्य व्यापार से तथा अद्रोहक मित्र के प्रति सत्यनिष्ठ रहने से दिव्य दृष्टि पा गए हैं, उसी प्रकार वह भी माता-पिता की सेवा से सन्तुष्ट तथा पूर्णकाम हो सकता है और उसे सिद्धि मिल सकती है। यही सदाचार है। क्योंकि कर्त्तव्य-पालन से बढ़कर कोई सदाचार नहीं है।

सदाचार का मूल आधार लोभ का अभाव है क्योंकि जब मनुष्य में दूसरे का धन प्राप्त करने की भावना पैदा नहीं होगी तब वह दुष्टता क्यों करेगा। ऐसे सदाचार से शूद्र भी देवताओं का पद प्राप्त कर लेता है। इस आधार पर मनुष्य को सदाचार के प्रति अपने मन में आग्रह रखना चाहिए।

ब्रह्मा ने बताया कि हे नारद! प्रातःकाल अपनी शैया को छोड़कर देवताओं और ऋषियों का स्मरण करना, पूजा-पाठ के बाद पितरों का ध्यान करना और बैठने के स्थान को साफ करना, फिर हाथ-मुंह धोकर स्नान कर भोजन आदि करना सामान्य जीवन के अंग है। इसके साथ राजा, वैद्य और ब्राह्मण से विवाद न करना तथा गुरु-पत्नी, ब्राह्मणी, पुत्र-वधू, पुत्री, बहन और पर-स्त्री का काम भाव से स्पर्श न करना मनुष्य के आन्तरिक तेज को बढ़ाता है। किसी से कटु वचन न बोलना और समान भाव रखना आयु, स्वर्ग और मोक्ष प्रदान करने वाला होता है।

पुलस्त्य ने भीष्म से कहा कि यदि स्त्री सदाचारिणी हो तो बड़े-बड़े महात्मा और धूर्त भी उसका व्रत भंग नहीं कर सकते। गंगा के किनारे पुराने समय में एक ब्राह्मण ने एक सुन्दर युवती को अपने घर से दूसरे घर जाते हुए देखा तब वह भी उसके प्रति आसक्त होकर देव-दर्शन के बहाने उसे अपने देव-मन्दिर में ले गया और वहां पहुंचते ही उसने किवाड़ बंद कर दिया तथा युवती से प्रणय निवेदन करने लगा। युवती ने मना किया तो उसने बल-प्रयोग करना चाहा। उस पतिव्रता को क्रोध आ गया और उस ब्राह्मण का सिर दो दरवाजों के बीच में फंसकर टुकड़े-टुकड़े हो गया!

पतिव्रता का व्रत भंग करने से चाहे वह इन्द्र ही क्यों न हो, अपमान और कष्ट सहना पड़ता है। इन्द्र को भी गौतम मुनि का शाप सहन करना पड़ा और वह सहस्र भगों वाला होने पर विवश हो गया।

पतिव्रता स्त्री का महत्त्व बहुत अधिक होता है। इस विषय मे मैं एक कथा और सुनाता हूं। सैव्या का पति कुष्ठ का रोगी था लेकिन वह अपने तन-मन से पति की सेवा करती थी। एक बार उसके पति के सामने से एक वेश्या गुजरी और वह उसके सौन्दर्य पर मुग्ध हो गया। इसके बाद उसकी पत्नी ने अपने पति की इच्छा जानकर उसकी मदद की। उसने कहा कि यदि वह उसके साथ समागम नहीं कर पाएगा तो वह मृत्यु का आलिंगन कर लेगा। अपने पति को प्रसन्न करने के लिए वह पतिव्रता स्त्री उस वेश्या के घर गई और उसका घर साफ करने लगी। जब वेश्या ने उसका उद्देश्य पूछा तो उसने सारी बात बताई। तब वेश्या ने आधी रात के बाद उसके पति को अपने पास लाने को कहा। उस समय राजा ने बढ़ती हुई चोरियों को रोकने के लिए रात में घर से निकलने पर बंधन लगाया हुआ था और चोरों को पकड़ने के लिए रक्षकों का बहुत प्रबन्ध था। इसी बीच नगर-रक्षकों ने माण्डव्य ऋषि को नगर के बाहर तप करते हुए देखा तो ढोंगी समझ लिया और पकड़ लिया। ऋषि अपनी समाधि में थे इसीलिए उन्होंने कुछ नहीं कहा और इस पर राजा ने भी उसे पाखण्डी समझ लिया और कहा कि इसके शरीर में कील ठोककर इसे चौराहे पर लटका दो। राज-पुरुषों ने ऐसा ही किया। जब सैव्या आधी रात को अपने पति को लादकर वेश्या के यहां ले जा रही थी तो उसका पैर अनजाने में ऋषि से लग गया और ऋषि की समाधि टूट गई। ऋषि ने समझा कि मेरी वेदना इसी व्यक्ति के कारण है और उसे प्रातःकाल होते ही भस्म हो जाने का शाप दे दिया। यह शाप सुनकर कुष्ठरोगी धरती पर गिर पड़ा और सैव्या ने अपने पतिव्रत धर्म की दुहाई देकर सूर्य को उगने से रोक दिया। तीन दिन तक सूर्य उदित नहीं हुआ और इस कारण चारों तरफ हा-हाकार मच गया।

देवता लोग सैव्या के पास आए और कहा कि लोकहित के कारण वह अपना वचन वापस ले ले। लेकिन उसने कहा कि वह किसी भी रूप में अपने पति को नहीं खो सकती। इसके बाद ब्रह्मा आए और उन्होंने यह कहा कि वह मरेगा नहीं अभी तो भस्म हो जाएगा और फिर कामदेव के समान पुरुष के रूप में जन्म लेगा। ब्रह्मा के ऐसा कहने पर सैव्या ने अपना वचन वापस ले लिया। सूर्य देव प्रकट हुए और उसका पति भस्म होने के बाद फिर सुन्दर शरीर धारण करके प्रकट हुआ। दोनों पति-पत्नी विमान पर चढ़कर देवलोक चले गये।

पतिव्रता की अनन्त शक्ति के विषय में बताते हुए उन्होंने कहा कि पति को परमेश्वर मानकर पूजने वाली स्त्री के लिए कुछ कठिन नहीं होता। माण्डव्य ऋषि को अपने पुराने कर्म के कारण यह कष्ट भोगना पड़ा। क्योंकि अज्ञान में किए गए अपराध का भी दण्ड मिलता है। सैव्या का पति कुष्ठरोगी इसलिए हुआ क्योंकि उसने अपने पहले जन्म में संयम नहीं रखा। जहां पर गमन नहीं करना चाहिए वहां गमन करने से अगले जन्म में विरूप गुण वर्जित, अकृत्या स्त्रियां ही मिलती है। यदि सौभाग्य से पतिव्रता स्त्री मिले तो पुरुष का उद्धार हो जाता है। अतः जन्म-जन्मांतर तक जो व्यक्ति सुन्दर पत्नी पाने की इच्छुक होता है, वह अन्य स्त्रियों के साथ अनुचित कर्म नहीं करता।

कुछ विशेष कर्म और फल के विषय मे पूछने के बाद पुलस्त्य ने कहा कि मनुष्य के लिए अनेक पुण्य कर्म हैं। उनमें कुआं-तालाब बनवाना, प्याऊ बनवाना और लोगों के लिए छायादार पेड़ लगाना तथा तालाबों और नदियों को पार करने के लिए पुल बनवाना-सब सदाचार के अंतर्गत आते हैं। आंवला और तुलसी का पौधा लगाना विशेष फलदायक कहा गया है। धात्री (आंवला) के फल वासुदेव को परम प्रिय होते हैं। इनसे रूप-सौन्दर्य बढ़ता है, आयु की वृद्धि होती है और जहां यह तुलसी का पौधा रहता है वहां प्रेत और राक्षस नहीं आते।

भगवान श्रीकृष्ण ने और भगवान राम ने अपने-अपने शत्रुओं पर विजय पाने के लिए तुलसी का पौधा लगाया था। गंगा में स्नान भी सदाचार के अंतर्गत आता है। इस दृष्टि से गंगा में नहाना, जलपान, पितरों का तर्पण करने के लिए और पाप नष्ट करने के लिए महत्त्वपूर्ण है। गंगा भी माता-पिता की तरह अपने भक्तों को संतुष्ट और उनका उद्धार करती है इसलिए गंगा का भी अधिक महत्त्व है।

पुलस्त्य ने कहा कि देव-पूजा ही सर्वोत्तम सदाचार है। क्योंकि इस सदाचार से मनुष्य पवित्र होता है और धर्म के रुचि बढ़ने से पाप दूर होते हैं। देवताओं की पूजा में गणेश की पूजा का विधान सबसे पहले है। एक बार इन्द्र ने गणेश की पूजा

न करके अपने धर्म का आयोजन किया था जिससे उसका सारा वैभव नष्ट हो गया था। बाद में इन्द्र ने क्षमा मांगी और बृहस्पति के बहुत कहने-सुनने पर गणेश प्रसन्न हुए और उन्होंने इन्द्र को क्षमा किया। जब गणेश प्रसन्न हो गये तो उन्होंने देवताओं को विष्णु के पास भेजा और फिर विष्णु ने मधु आदि राक्षसों का नाश किया। गणेश ने देवों के हित का कार्य करते हुए त्रिपुर राजा के बहुत भयंकर पुत्र त्रैपुरि असुर का नाश किया था और देवताओं को सुखी बनाया था। सूर्य की पूजा से उनके प्रति कृतज्ञता को अभिव्यक्त किया जाता है। क्योंकि सूर्य अद्‌भूत परब्रह्म तेज है। उषा काल में सूर्य भगवान के दर्शन करने से अनेक पाप दूर हो जाते हैं। सूर्य की उपासना से अन्धेपन से मुक्ति, रोग-दरिद्रता से छुटकारा मिलता है और मोक्ष की प्राप्ति होती है। सूर्य के कारण ही अंधकार का नाश होता है और काल का विभाजन होता है। सूर्य ही अनेक राशियों में संक्रमण करते हैं जिससे मासों का विभाजन होता है। दिन-रात की रचना भी सूर्य करते हैं।सूर्य का पूजन करने के लिए फल-फूल आवश्यक है। सप्तमी रविवार को जब संक्राति का योग होता है तो उस दिन सूर्य-पूजन करने से बहुत पुण्य मिलता है। सूर्य की आराधना से ही शिव को ब्रह्म-वध-पाप से मुक्ति मिली थी। इस प्रकार सूर्य के अतिरिक्त बुध, बृहस्पति, मंगल, शुक्र, शनि, राहु और केतु ग्रहों की पूजा करने से मनुष्य के अनिष्ट और विघ्न नष्ट होते हैं। मनुष्य को चाहिए कि वह दुर्गा का भी पूजन करे। दुर्गा के पूजन के लिए नीलकमल सर्वोत्तम है और इस तरह वह भक्तिपूर्वक दुर्गा को पूजता हुआ परम लाभ प्राप्त करता है।

पुलस्त्य ने कहा कि हे भीष्म, मैंने आपको सृष्टि खण्ड का महात्म्य वर्णित किया। इससे परम पुण्य प्राप्त होता है। पद्‌म पुराण में भगवान के चरित्र के विषय में कीर्तन करने से पवित्र लाभ मिलता है और वह पापों का नाशक है। इसके बाद सूत बोले कि यह सृष्टि खण्ड मैंने आपके सामने कहा। यह पद्‌म-पुराण का आदि खण्ड है। इसके सुनने से अनेक अश्वमेघ यज्ञों का फल प्राप्त होता है। श्रद्धा और भक्ति से जो प्राणी इस खण्ड का पाठ करता है वह परम धाम को प्राप्त होता है।

पुलस्त्य ने अत्यन्त श्रद्धा से यह खण्ड सुनाया और फिर इसके पूर्व कि भीष्म की अगली जिज्ञासा सामने आए, वे भगवान हरि के चिंतन में लीन हो गए।

□□□

भूमि खण्ड

भीष्म ने पद्म-पुराण सुनने की अधिक रुचि दिखाते हुए पुलस्त्य से और कथा सुनाने की प्रार्थना की। उनकी सच्ची जिज्ञासा जानकर पुलस्त्य ने कहा कि सृष्टि के प्रारम्भ में महर्षि कश्यप प्रकट हुए। उनके दो पत्नियां थीं। अदिति और दिति। अदिति के पुत्र देवता थे-वे धर्म के मार्ग पर चलते थे। दिति के पुत्र इसके विपरीत भोग-विलास में जीवन बिताने वाले और पाशविक कृत्यों से भरे हुए थे। उन दोनों में संघर्ष स्वाभाविक था और इस एक तरह से यह संघर्ष भौतिक और आध्यात्मिक विचारधाराओं का संघर्ष था। दैत्य अपनी आसुरी शक्ति के बल पर कई बार देवों को पराजित कर देते थे और उनकी सम्पत्ति पर अधिकार करके उन्हें गरीब बना देते थे। तब देवता विष्णु की शरण में जाते और भगवान विष्णु उनके सत्य पक्ष की रक्षा करते। इसी प्रकार जब एक बार असुरों का बहुत विनाश हुआ तो दिति ने आत्महत्या का विचार किया। वह बिलकुल कठोर हो गई। फिर कश्यप ने उसे समझाया कि इस लोक में सबके जन्म लेने के कोई-न-कोई बहाने हो जाते हैं। वैसे न कोई किसी का पुत्र है, न कोई किसी का माता-पिता।

कश्यप ने कहा कि यह भौतिक शरीर नष्ट होने वाला है और इसके विषय में बहुत अधिक शोक नहीं करना चाहिए। यह संसार असार है। सारे सम्बन्ध बनावटी और मोह पर टिके हुए हैं। वस्तुतः सत्य और असत्य में निमग्नता मोह के कारण होती है।

कश्यप बोले कि संसार के तत्त्वों की उत्पत्ति, स्थिति, परिवर्तन और मुक्ति-ये सब शरीर के धर्म हैं, आत्मा के नहीं। आत्मा कभी नहीं मरती। मनुष्य अपने अज्ञान के कारण आत्मा को मरा हुआ या बच्चा, किशोर, बूढ़ा अनुभव करता है। रोग और अरोग भी मोह के कारण होता है। मनुष्य अपने अज्ञान के कारण शोक और दुख अनुभव करता है।

मूलतः आत्मा सत्य है और सारी अनुभूतियां शरीर की हैं।

कश्यप दिति को जीवन का मर्म समझाते हुए बोले कि हे महाभाग पंचभूत का यह शरीर ही नष्ट होता है। आत्मा अजर और अमर तथा अविनाशी है। वह न नष्ट होती है न मरती है। जब पंचभूत शरीर नष्ट हो जाता है तो आत्मा का कोई नाम नहीं रहता। इसलिए आत्मा ही मूल तत्त्व है और वे मनुष्य मूर्खता करते हैं जो शरीर को स्थायी समझते हैं।

कश्यप ने अपने पुत्रों की मृत्यु से दुखी दिति को आत्मा और शरीर का सम्बन्ध समझाते हुए कहा कि मूलतः जब आत्मा का इस शरीर से संयोग होता है तो आत्मा के दो मंत्री, जिन्हें ध्यान और ज्ञान कहा गया है, एक बार उसे चेतावनी देते हैं और कहते हैं कि अनित्य शरीर से सम्बन्ध न जोड़ा जाए लेकिन आत्मा में भी जीवन के सुख-दुख और वासना के उपभोग की इच्छा रहती है और इसीलिए ज्ञान के द्वारा आत्मा और शरीर की मित्रता हो जाती है। जब यह मित्रता होती है तो मोह बढ़ता है और आत्मा सुखों की तरफ दौड़ती है। इस दौड़ में वह ध्यान और ज्ञान भूलता जाता है। पंचभूत का यह शरीर ही एक प्रकार से आत्मा का पर्याय हो जाता है।

जब इस आत्मा को शरीर होने का भ्रम हो जाता है तो वह उस भ्रम को सच समझता है। फिर अनेक यंत्रणाएं सहता-हुआ विवशता में पड़कर कहीं का नहीं रहता। हमेशा बहुत अधिक सुख पाने की लालसा करता रहता है। लेकिन फिर ज्ञान के प्रबल होने से उसे वास्तविक रूप का अनुभव हो जाता है। यहां भी ज्ञान और ध्यान ही सहायता करते हैं।

जब आत्मा ध्यान और ज्ञान के कहने से दुखों से मुक्त होता है तो फिर इस शरीर को छोड़ते हुए उसे कोई कष्ट नहीं होता। किन्तु वह नरक से बाहर निकलकर पंचभूत शरीर को त्यागने का निश्चय करता है। लेकिन जैसे ही वह बाहर आ जाता है वैसे ही असह्य पीड़ा को भूल जाता है। उसे वायु के प्रबल आघात से बाहर आने में कष्ट का अनुभव करना होता है। वह बाहर आते ही अधिक पीड़ा को न सहते हुए मूर्छित हो जाता है और उसी स्थिति में ज्ञान और ध्यान से उसका सम्बन्ध टूट जाता है। फिर वह उसी शरीर में बना रहता है और शरीर उसकी मूर्छा का लाभ उठाकर उसे अपने अधीन कर लेता है। इस तरह वह राग-द्वेष में पड़ जाता है। काम-क्रोध के साथ मूढ़ता को स्वीकार करता है। लेकिन यह दुख मोह से अधिक और कुछ नहीं।

संसार में व्यवहार करते हुए यह आत्मा देह का धर्म स्वीकार करके सुख, दुख, हानि, लाभ का आधार बनता है लेकिन सत्संग के कारण उसका परिचय वैराग्य से होता है और फिर वह शाश्वत सुख के विषय में अपनी खोज प्रारम्भ करता है। इस

खोज में उसका साथ ज्ञान और ध्यान ही देते हैं। अतः जब भी ज्ञान का बल बढ़ता है, आत्मा का अपने मोह से मुक्त होना प्रारम्भ हो जाता है। वैराग्य के प्रभाव से मनुष्यधारी आत्मा अनासक्ति की ओर बढ़ती है। इस तरह अनासक्ति का मार्ग अपनाते हुए आत्मा को अपने दोनों मंत्री ज्ञान और ध्यान याद आते हैं फिर वह अपने स्वरूप में तन्मय हो जाता है। हे प्रिय, यह समझ लेना चाहिए कि तन्मयता की इस अवस्था में उसके मोह छूट जाते हैं और फिर सत्य-असत्य जानकर यह मुक्त हो जाता है। एक ही आत्मा विभिन्न देहों में आकार ग्रहण करती है। जीव को इस सत्य का बोध होना चाहिए कि सभी शरीरों में एक आत्मा विद्यमान है। क्योंकि जब तक यह बोध नहीं होता तब तक वह अपना और पराया समझता रहता है। वैराग्य और विवेक एक-दूसरे के पोषक है। वैराग्य से विवेक जागृत होता है और विवेक द्वारा वैराग्य स्थिर होता है। मनुष्य को चाहिए कि एक बार वैराग्य उत्पन्न होने पर विवेक के द्वारा उसे वह दृढ़ बनाए। क्योंकि विवेक से ही सत्य और असत्य का ज्ञान होता है। विवेक और वैराग्य ही आत्म-कल्याण के परम साधन है। शाश्वत आनन्द के आधार हैं।

कश्यप ने दिति को बताया कि तुम्हारे पुत्र दैत्य और देवों में एक ही आत्मा है। शरीर-भेद से दोनों अलग-अलग हैं और इसी भेद के कारण राग द्वेष पैदा होता है। तुम्हें किसी एक के मरने पर दुख और किसी दूसरे के विजयी होने पर हर्ष नहीं करना चाहिए और यह देह बार-बार उत्पन्न होती रहती है। संसार में चार प्रकार के प्राणी हैं-

1. उद्भिज-भूमि के उद्भेदन करके उत्पन्न होने वाले लता, तृण, गुल्म, औषधि तथा धान्य-अन्नादि।
2. स्वदेज-मल, स्वेदादि से उत्पन्न होने वाले कृमि-कीटादि।
3. अण्डज-माता के गर्भ से अण्ड रूप में और पुनः अण्ड से निकलने वाले पक्षी, सर्प, आदि।
4. जरायुज-माता के गर्भ से जरायु में लिपटकर उत्पन्न होने वाले चतुष्पाद और द्विपाद प्राणी।

इसी तरह कई तरह के पदार्थ भी हैं।

1. कड़वा, खट्टा, नमकीन, मीठा, तेज तथा कसैला पदार्थ जो चबाया जाता है।
2. पानी, दूध, पेय पदार्थ।
3. चूसने वाले पदार्थ।
4. खाद्य अन्न बनाकर या पकाकर खाए जाने वाले पदार्थ।

हे प्रिय, खाए जाने वाले सभी पदार्थ एक अंश तक शरीर को दूषित करते हैं और बाकी मल द्वारा शरीर से बाहर निकल जाते हैं।

स्त्री और पुरुष के संगम से यथासमय एक नये देह की उत्पत्ति होती है और इसकी रचना में आठ महीने लगते हैं अर्थात् आठ महीने में शरीर रचना पूरी हो जाती है। उसके बाद ही जीवात्मा का प्रवेश होता है।

मनुष्य का विकास ही ऐसा है कि वह बचपन में माता-पिता और गुरुओं को प्रताड़ना सहता है फिर यौवन में आकर अपनी इन्द्रियों की मांगों के पीछे दौड़ता रहता है। बुढ़ापे में रोगों की चिन्ता करता है और अनेक दुख सहता है और इसी क्रम में एक दिन मर जाता है।

महर्षि कश्यप ने बताया कि मूलतः आत्मा परमात्मा का अंश है और विष्णु ही, जो परमात्मा रूप है, विभिन्न अंश में जन्म लेते हैं और फिर वे ही संहार करते हैं। इस तरह उत्पन्न होने वाला और उत्पन्न करने वाला तथा संहार करने वाला और नष्ट होने वाला तत्त्व एक ही है फिर किस विषय में सोच किया जाए। कश्यप ने जीवन का मर्म समझाते हुए कहा कि पाप के प्रवेश से जब देह का एक रूप अपकर्म करने लगता है तब दूसरा रूप उसे नष्ट करता है। अर्थात् भगवान विष्णु के अंश ने ही तुम्हारे इन दैत्य रूपी पुत्रों का संहार किया है। इस तरह उनका उद्धार हुआ क्योंकि विष्णु से समाहित होकर वे परमपद को प्राप्त हो गए।

जब दिति ने कश्यप से यह सारी सार की बातें सुनीं तब उनका शोक जाता रहा और वे अपनी प्रकृत अवस्था में आ गई।

पुलस्त्य भीष्म से बोले कि अब मैं निःसन्तान सोम शर्मा का कथानक और वशिष्ठ से हुआ उनका संवाद बताता हूं। सोम शर्मा सन्तानहीन थे। लेकिन उन्होंने वैराग्य प्राप्त कर लिया था। वह घर छोड़कर ऋषियों के साथ वन में प्रस्थान किये। एक दिन उनकी भेट वशिष्ठ से हुई और उन्होंने उनसे धर्म का स्वरूप बताने के लिए कहा। वशिष्ठ बोले कि मनुष्य का मूल धर्म अपने कुल की परम्परा और सदाचार का पालन है। वेश की परम्पराओं को ध्यान में रखकर तप, सत्य, दान, ब्राह्मण-पूजा, शौच, क्षमा, अहिंसा, शांति, अस्तेय, दम और गुरु-सेवा-ये धर्म के ग्यारह रूप माने गये हैं। अब इनका स्वरूप ध्यान से सुनो-

1. तप-काम-क्रोध से मुक्ति और लोकहित में प्रवृत्ति को तप कहा जाता है।
2. सत्य-दूसरी स्त्रियों में माता का भाव और दूसरे के धन को मिट्टी की तरह समझना सत्य कहलाता है।
3. दान-भूखे को दान देना सर्वोत्तम है।
4. पूजन-ब्राह्मण को प्रणाम, दान देना और पूजा करना पूजन है।

5. क्षमा-किसी व्यक्ति के प्रति वैर-भाव रखे बिना उसे क्षमा कर देना या अपनी निन्दा सुनकर भी प्रतिशोध में कुछ न कहना क्षमा है।
6. शौच-शारीरिक और मानसिक शुद्धि और वासना से रहित होना शौच है।
7. अहिंसा-छोटे से छोटे प्राणी को भी कष्ट न पहुंचाना।
8. शांति-किसी के प्रति दुर्भाव न रखकर चित्त को समान रखना।
9. अस्तेय-दूसरे के धन में अरुचि रखना।
10. दम-अपनी इन्द्रियों को वश में रखना।
11. गुरुसेवा-अपने से बड़े की विनम्र भाव से सेवा करना।

इस तरह ये ग्यारह धर्म के लक्षण हैं और इनका सेवन करने वाला, मोक्ष की प्राप्त करता है। इसके उपरांत सोम शर्मा ने पूछा जो व्यक्ति धर्म के इन स्वरूपों का पालन नहीं करता उसकी क्या दशा होती है? तब वशिष्ठ ने बताया कि धर्म की हत्या करने वाले को नीच कुल में जन्म लेना पड़ता है और उनका निवास दुर्गन्ध-युक्त स्थलों पर होता है। यमदूत उसे बहुत कष्ट देते हैं। वह कठोर वेदनाओं से गुजरता है उसके जीवन में अभाव, पीड़ा के साथ अपयश और अपमान की वृद्धि होती है। सामान्य अवस्था में भी ऐसे लोग दुखी रहते हैं। वे जो कुछ भी प्राप्त करना चाहते हैं, उन्हें नहीं मिलता। उन्हें शारीरिक रोग हो जाते हैं और मृत्यु के समय भी उन्हें बहुत कष्ट सहना पड़ता है।

वशिष्ठ ने कहा–हे विप्र! जीव को कभी भी धर्म से विमुख नहीं होना चाहिए और धर्म साक्षात् विष्णु भगवान ही है। अतः धर्म का पालन करने वाले के हृदय में भगवान का निवास रहता है। तुम स्वयं इस बात के प्रमाण हो कि धर्म के आचरण से मनुष्य महान होता है। तुम शूद्र से ब्राह्मणत्व को प्राप्त हुए हो। जब वशिष्ठ के मुख से सोम शर्मा ने यह सुना तो उन्होंने इसके विषय में यह जानना चाहा। तब उन्होंने बताया कि बहुत पहले तुम्हारे घर में एक धार्मिक सदाचारी विष्णु भक्त महात्मा आया था और उसने तुमसे रात में रहने की आज्ञा मांगी थी। तुमने उसे बहुत प्रेम से अपने यहां ठहराया और उनके दर्शन से अपना सौभाग्य माना। तुमने उस वैष्णव महात्मा को अपने घर ठहराकर सेवा की और तुम्हारी पत्नी भी तुमसे पीछे नहीं रही। दूसरे दिन देवशयनी एकादशी थी, तुमने उसको अपने घर ठहरा लिया। उस दिन तुम दोनों व्रत और उपवास के महत्त्व को संन्यासी के मुख से सुनकर भगवान विष्णु की आराधना का निश्चय किया था। फिर जब अगली एकादशी आई तो तुमने अपने परिवार सहित व्रत और उपवास किया और भगवान का पूजन-स्मरण किया। तुमने अपनी भक्तिपूर्वक उस ब्राह्मण को प्रसन्न और संतुष्ट किया। उसकी संगति से ही तुम्हें

ब्राह्मणत्व की प्राप्ति हुई लेकिन तुम निसंतान हो-इसका भी एक कारण है कि पहले जन्म में तुमने केवल धन का ही संचय किया था और अपने ही स्त्रियों तथा पुत्रों में अनुराग अनुभव करते हुए और कुछ संचित नहीं किया था। उस समय तुम्हारे मन में ममता, दूसरे के प्रति उदारता का अभाव था। तुम आत्म-केन्द्रित थे और इसके साथ कभी किसी की चिंता नहीं करते थे। संतान से मोह रखते-रखते ही तुमने अपने प्राणों को छोड़ा था, इस कारण तुम इस जन्म में संतान रहित हो।

यह सुनकर सोम शर्मा ने महर्षि वशिष्ठ के प्रति आभार प्रकट किया और संतान प्राप्ति का उपाय पूछा। उसने कहा कि मुझे कुछ ऐसा उपाय बताइए जिससे मैं इस अपुत्रता से मुक्त हो जाऊं। यह सुनकर वशिष्ठ बोले कि मनुष्य के जीवन में सुन्दर वंश-संतति, धन-धान्य, सुख-संपत्ति सब पूर्व जन्मों का फल होता है। यदि पुराना संचित नहीं होता तो नया कैसे मिल सकता है। इस रूप में तुम्हारे भाग्य में संतान का सुख नहीं है। क्योंकि सुख-दुख कर्म के अधीन होता है, फिर भी एक मात्र उपाय भगवान की उपासना है। जब भगवान विष्णु उपासना से प्रसन्न हो जाते हैं तो वे सदाचारी पुत्र, धन-धान्य, कुल, सम्पत्ति सब कुछ दे देते हैं।यहां तक कि वे मनुष्य को आवागमन के बन्धन से मुक्त भी कर देते हैं। अब तुम भगवान विष्णु की पूजा करो क्योंकि उनकी कृपा से ही तुमने ब्राह्मणत्व प्राप्त किया है और उन्हीं की शरण में जाने से तुम्हारे मनोरथ पूरे होंगे। तुम स्थिर हो जाओगे और तुम्हारी कामनाएं पूरी होंगी। इसमें संदेह नहीं करना चाहिए।

वशिष्ठ ने अपने विषय में सब कुछ जानने के बाद सोम शर्मा ने उन्हें प्रणाम किया और फिर अनुमति लेकर अपनी पत्नी के पास गया। उसने अपनी पत्नी सुमना को यह सारा वृत्तान्त सुनाया। सुमना की पहले ही भगवान विष्णु में अटूट भक्ति थी। यह सुनकर उसने अपने पति को तपस्या करने के लिए प्रेरित किया और फिर दोनों ने मिलकर कपिल संगम तीर्थ पर जाकर भगवान विष्णु के अनन्य भाव से पूजन किया। उन पति-पत्नी की चारों ओर प्रशंसा होने लगी और भगवान नारायण भी उनसे बहुत प्रसन्न हुए। उन्होंने उन्हें दर्शन दिए। भगवान को अपने सामने देखकर दोनों पति-पत्नी उस दिव्य दर्शन से बहुत प्रसन्न हुए और फिर अनेक स्तोत्रों से उनकी अनेक प्रकार से अर्चना की।

अर्चना से प्रसन्न होकर भगवान नारायण ने सोम शर्मा को मनवांछित फल प्राप्त करने का वरदान दिया। पुलस्त्य ने आगे बताया कि हे भीष्म ! नारायण की पूजा और उपासना ही परम तत्त्व और परम सत्य है। अतः मनुष्य को उनकी उपासना करनी चाहिए।

भीष्म ने पूछा कि मैंने वेन महात्मा के बारे में सुना है। यह पुण्यात्मा यज्ञ करने वाला राजा था। फिर ऋषियों ने उसका वध क्यों किया? मुझे यह कथा बताने की कृपा करें।

यह सुनकर पुलस्त्य ने कहा कि मैंने अपने गुरु के मुख से जिस रूप में यह कथा सुनी है, मैं तुम्हें उसी रूप में सुना देता हूं।

पुराने समय में महात्मा वेन धर्मपूर्वक राज्य करते हुए अपनी प्रजा का पालन कर रहा था। एक दिन उसकी सभा में एक मुंड़े हुए सिर वाला नग्न शरीर और अपने बगल में मोर के पंखों को दबाकर तथा झाड़ू रखे हुए और हाथ में नारियल से युक्त दान पात्र लेकर एक बनावटी ब्राह्मण, साधु आ गया। जब वेन ने उसे इस रूप में देखा और उसे नग्न रूप में राज-दरबार में आते हुए देखा तो उसकी बुराई की और उसके आने का कारण पूछा। वेन ने कहा कि आप अपने धर्म-कर्म और आचार के विषय में बताएं और आप यह भी बताइए कि आप कौन हैं और यहां क्यों आए हैं? वेन ने यह सुनकर वह कपटी मुनि बोला कि तुम जानते नहीं, मैं देवताओं के द्वारा पूजित ज्ञानस्वरूप, सत्य, सनातन धर्म का सर्वस्व, धर्म और मोक्ष हूं। मेरी उत्पत्ति ब्रह्मा से हुई है। उस कपटी मुनि ने कहा कि आप मेरा विश्वास कीजिए, मुझे सत्य धर्म का धारण करने वाला जिन रूप समझिए। केवल तपस्वी ज्ञानी और योगी मेरा ध्यान करते हैं और मुझे पा सकते हैं।वेन ने जिन मुनि की बात सुनी और उससे पूछा–

प्रश्न–आपके आचार नियम और कर्म विधान क्या हैं? आपका दार्शनिक सिद्धांत क्या है?

कपटी मुनि-हे राजन्, अर्हन्त मेरे धर्म का देवता है, निर्ग्रन्थ गुरु और दया ही धर्म है। मेरे धर्म में तप, संध्या, पितृतर्पण, वेद का अध्ययन और यज्ञ करना बिलकुल नहीं आता। मेरे धर्म में इसका निषेध है। मेरे धर्म में बलि के लिए भी कोई स्थान नहीं। वैश्य देव और अतिथि-पूजा के लिए भी कोई स्थान नहीं है। इस धर्म में केवल जैन भिक्षु की पूजा ही परम कर्म है और अर्हन्त के ध्यान को ही सबसे बड़ा ध्यान माना गया है।

प्रश्न–यज्ञ, तर्पण और श्राद्ध के निषेध से निर्मित आचार और दान तथा तपस्या का विरोध करने वाले कर्म को धर्म बताकर तुम संसार को भ्रष्ट मार्ग की ओर क्यों ले जाना चाहते हो? तुम दया को ही मुख्य क्यों बताते हो? इससे वैदिक धर्म से लोगों को विमुख करके किस दुराचार का प्रचार करना चाहते हो?

मुनि–यह शरीर-रचना और इसकी वृद्धि पृथ्वी, जल, तेज, आकाश और वायु-पांच तत्त्वों से होती है। यह पंच भौतिक शरीर है। इस आत्मा का इन तत्त्वों से

कोई सम्बन्ध नहीं है। जिस तरह से मछली और अन्य जल के जीवों के संचार से पानी में बुलबुले पैदा होते हैं, उसी तरह से इन पांचों तत्त्वों के योग से मनुष्य की रचना होती है और फिर अन्त काल आने पर प्राणी इन पांच तत्त्वों से विमुक्त हो जाता है। जिस तरह पृथ्वी पर स्थित जल और आकाश में तेज का प्रकाश हवा की गति के कारण कभी दिखता है, कभी नहीं दिखता। इसी प्रकार आत्मा का संयोग-वियोग होता है। इसलिए श्राद्ध तर्पण निरर्थक है। क्योंकि जब हम यह मानते हैं कि पांच भूतों का संयोग से जीवन और वियोग से मुक्ति है तो मृत्यु के बाद किसी के अस्तित्व की बात ही नहीं उठती। सम्पूर्ण तत्त्व अपने-अपने रूप में समाहित हो जाते हैं और इस अवस्था में ब्राह्मणों को भोजन आदि खिलाना व्यर्थ हो जाता है। यह कहकर जिन मुनि ने प्रश्न किया-

क्या आज तक किसी ने मृत प्राणी को देखा है और क्या उसके निवास और काम करने की जानकारी है? यदि यह नहीं तो ब्राह्मणों ने अपना पेट भरने के लिए ही यह श्राद्ध आदि का षड्यंत्र किया है। जिन मुनि ने एक दूसरी बात कही कि यहां से एक कोस की दूरी पर बैठ भाई-बन्धु के नाम पर यदि किसी ब्राह्मण को खिलाया जाए तो क्या उस व्यक्ति की भूख मिट जाएगी। इसलिए प्रत्यक्ष रूप से जब यह असंभव है तो परोक्ष रूप में कैसे हो सकती है?

इसके आगे जिन मुनि बोले कि हे राजा! अश्वमेध यज्ञ में घोड़े का, गोमेध में बछड़े का, नरमेध में मनुष्य का, वाजपेय यज्ञ में बकरों का, राजसूय यज्ञ में अन्य प्राणियों का, गजमेध में हाथी का और पुण्डरीक यज्ञ में गज का वध किया जाता है। अर्थात् सारे यज्ञों में जीव-हिंसा होती है तो निरपराध जीवों के वध में धर्म कैसे कहा जा सकता है! वेदों में दया का विधान नहीं है। भला वे वेद कहलाने के अधिकारी कैसे हैं! इसलिए दान परायण और दया से परिपूर्ण पुत्र उस ब्राह्मण से श्रेष्ठ है जो जीव को मारता है।

इस संवाद के बाद राजा वेन ने तीर्थों का महात्मय जानना चाहा। उन्होंने कहा-मुझे इस विषय में बताइए। तब तक जिन मुनि बोले कि हे राजा! बादलों से वर्षा होती है और यह जल नदी में, तालाबों में कभी बहता है और कभी ठहर जाता है। ऐसे में किसी भी जल के किनारे तीर्थ की भावना बनाने में कोई औचित्य नहीं। यदि जलाशयों में नहाने से महान पुण्य होता तो फिर दिन-रात जल में रहने वाले जीव को तो परम गति मिलनी चाहिए। इसके उपरांत वह बोले कि जहां पर जिन है वहीं पर तीर्थ है। दया और दान से शून्य धर्म वास्तविक धर्म नहीं है। जिन की उपासना ही मूल धर्म नहीं है और यही तत्त्व ज्ञान है। इसलिए आप यज्ञ और श्राद्ध आदि को छोड़कर जैन मत को ग्रहण कीजिए।

जिन मुनि के वचनों को सुनकर वेन ने वैदिक धर्म का परित्याग कर दिया। वेन के पिता ने उसे बहुत समझाया कि वह अपने परम्परागत मार्गों को न छोड़े लेकिन वह नहीं माना। उसने अपने माता-पिता का ही अपमान करना प्रारम्भ कर दिया। फिर सप्तऋषियों ने उसे समझाने की चेष्टा की किन्तु वह कहने लगा कि जैन धर्म एक सनातन धर्म है। मैं अब यज्ञ नहीं करूंगा। ऋषियों ने जब यह सुना तो वे क्रोधित हो गये और उनके क्रोध से घबराकर वेन वाल्मीकि में प्रवेश कर गया। लेकिन सप्तऋषियों ने वहां उसे अपने शाप से नष्ट कर दिया।

वेन का शासन राजा-विहीन हो गया और आतंक बढ़ता गया। तब ऋषियों ने उसके बाएं हाथ का मन्थन किया और उसके एक धरोहर बालक उत्पन्न किया। उसे ऋषियों से म्लेच्छों का राजा बना दिया। फिर दाएं हाथ के मन्थन से बुद्धिमान और पुण्यात्मा पृथु का जन्म हुआ। पृथु परम भक्त और वैष्णव धर्म के रक्षक बने।

यह कथा सुनकर भीष्म ने पूछा कि वेन जैसा आदर्श महाराजा जिन मुनि के बहकावे में कैसे आ गया? क्या सृष्टि के विधान में कोई कार्य-कारण शृंखला है? और यदि है तो वेन की स्थिति में कौन-सा कारण विद्यमान था। भीष्म की जिज्ञासा सुनकर पुलस्त्य बोले कि मनुष्य का भाग्य बलवान होता है। भाग्य के सामने विद्या, पौरुष और चतुराई कुछ नहीं रुक पाते और यह भाग्य भी पूर्व जन्म में किए गए कर्मों के आधार पर निश्चित होता है। जिस तरह से संतान अपने माता-पिता के वैभव, यश और अपयश का भागी होता है उसी तरह से मनुष्य को पूर्व कर्मों की फलवत्ता स्वीकार करनी पड़ती है। संतान को माता-पिता के शाप और वरदान भी स्वीकार करने पड़ते हैं। वेन की बुद्धि अपनी माता सुनीता के कारण विपरीत हो गई थी। क्योंकि सुनीता को एक गन्धर्व ने शाप दिया था। यह कहानी इस प्रकार है कि एक बार महर्षि अत्रि के पुत्र इन्द्र के नन्दन वन में पहुंच गये। वहां उन्होंने देखा कि इन्द्र अत्यन्त सुन्दर रमणियों के साथ रमण कर रहे हैं। इन्द्र के धन, वैभव, सम्पत्ति और भोग-विलास को देखकर अत्रि के पुत्र अंग को बहुत आश्चर्य हुआ। उन्होंने घर वापस लौटकर पिता से इन्द्र की समृद्धि का कारण पूछा और यह भी पूछा कि क्या मैं इन्द्र के समान तेजस्वी हो सकता हूं? क्या मुझे यह समृद्धि मिल सकती है?

अपने पुत्र की बात सुनकर अत्रि बोले कि हे वत्स! यह पूर्व जन्म का फल है। यह इन्द्र पूर्वजन्म में सुव्रत नाम के मेधावी और तपस्वी ब्राह्मण थे। इन्होंने अपने घोर तप से भगवान नारायण को प्रसन्न करके इन्द्र पद प्राप्त किया था। इस पद को उसने जिस प्रकार से पाया है, उसे कोई भी अन्य व्यक्ति उसी उपाय से प्राप्त कर सकता है। अतः यदि तुम्हारी इच्छा इन्द्रपद की प्राप्ति हैं तो तुम परम कारुणिक,

भक्तवत्सल, भगवान नारायण की शरण में जाओ और उन्हें प्रसन्न करके अपना अभीष्ट प्राप्त करो। वे ही तुम्हें इन्द्र बना सकते हैं।

अंग ने अपने पिता द्वारा कही गई विधि से एकान्त में, तपोवन में जाकर अपनी इन्द्रियों को वश में करके विष्णु भगवान का स्मरण-जप करते हुए तप का आश्रय लिया। उसने कितने ही वर्षों तक अन्न-जल का त्याग करके भगवान में अपनी वृत्ति लगायी। भगवान तो भक्त की भावना के अधीन हैं, जहां और जब भी कोई उन्हें निष्ठापूर्वक स्मरण करता है,वे वहां उसी समय भक्त के समक्ष प्रत्यक्ष हो जाते हैं। अंग के समक्ष भी शंख, चक्र, गदा, पद्मविभूषित विष्णु भगवान प्रकट हुए। भगवान के दर्शन से अंग आह्लादित तथा उल्लासित हो उठा। आनन्द-विभोर होकर वह भगवान की स्तुति करने लगा। भगवान ने अंग से अपना अभीष्ट निवेदन करने को कहा तो वह विनम्र स्वर में बोले-भगवन्! जिस प्रकार स्वर्ग में अत्यन्त तेजस्वी सुरराज इन्द्र सुशोभित हैं उसी प्रकार का पृथ्वीतल पर अत्यन्त तेजोमय सुशोभित तथा सर्वलोकरक्षक पुत्र आप मुझे प्रदान करने की कृपा करें। भगवान ने कहा कि किसी पुण्यात्मा की पुण्यकर्मी कन्या से जाकर विवाह करो, तुम्हारा अभीष्ट पूरा होगा। महात्मा अंग को यह वरदान देकर भगवान अन्तर्हित हो गए और अंग सुकन्या की खोज में निकल पड़े।

मृत्यु की पुत्री सुनीता स्वभाव से चंचल थी और उसे किसी की साधना में विघ्न डालना बहुत अच्छा लगता था। वह ऐसे कामों में हर्ष अनुभव करती थी। इस तरह वह यदा कदा स्वतन्त्रतापूर्वक घूमती हुई तपस्या में लीन साधुओं के आश्रम में जाकर अपने हास-परिहास और व्यंग्य से विचलित करती। एक बार उसने अपने संगीत में डूबे हुए शंख नामक गन्धर्व के सामने अपनी चेष्टाओं से उसे विचलित करना चाहा। शंख ने उसे भला-बुरा कहा और यह भी कहा कि वह इस तरह की बातें न करें। सुनीता जब घर लौटी तो उसने अपने पिता को असली बात तो नहीं बताई और यह कहा कि शंख ने बिना किसी कारण से उसका अपमान किया है। उसने उसकी बढ़ा-चढ़ाकर शिकायत की। पिता ने अपनी पुत्री को समर्थ होने का उपदेश दिया और कहने लगे कि दमन सहने वाला कायर होता है। इस प्रकार अपने पिता से प्रोत्साहित होकर सुनीता ने उसी प्रकार संगीत साधना में लीन शंख पर आघात करना प्रारम्भ कर दिया। शंख इस स्थिति में अवाक् रह गया और उसने उसकी दुष्ट बुद्धि पर दुष्ट पुत्र से उत्पन्न होने और उसके विनाश से दुखमय गृहस्थ जीवन का शाप दे दिया। सुनीता ने फिर अपने पिता से शाप का चर्चा की और उनके पूछने पर सारी बातें सत्य रूप में बता दीं। तब पिता ने कहा कि जो तुमने किया है उसका फल भोगो।

तुमने यह अच्छा नहीं किया। फिर बताया कि तप के द्वारा आत्म-शुद्धि कर सकती हो। सुनीता अपनी सखियों को लेकर वन में चली गई और जोर से रोकर कहने लगी कि मैं दुष्ट पुत्र को पैदा करूंगी तो भला मुझसे कौन शादी करेगा! इसी वन में ऋषि के शाप से त्रस्त रम्भा आदि अप्सराएं छिपी हुई थीं। उन्होंने सुनीता को रोते हुए सुना तो उसके पास जाकर कहा कि तुम चिंता मत करो स्त्रियों का वास्तविक गुण उनका सौन्दर्य होता है और तुम रूप-सौन्दर्य से सम्पन्न हो! तुम अपने प्रयास से अपनी संतान के चरित्र का परिष्कार कर सकती हो। तुम्हें रोने-धोने की आवश्यकता नहीं। रम्भा ने सुनीता को यह भी बताया कि इस समय अत्रि के पुत्र अंग इन्द्र के समान पुत्र को पाने के वरदान के लिए किसी सुन्दर कन्या की खोज में इसी वन में घूम रहे हैं। यदि तुम अपने रूप-सौन्दर्य से उन्हें प्रसन्न कर लो तो तुम्हें पुत्र प्राप्त होगा और शंख का शाप स्वयं नष्ट हो जाएगा। इस तरह उन्होंने सुनीता को समझाया और सुनीता को उनका प्रस्ताव अच्छा लगा। वह अलंकारों से युक्त होकर एक डोले पर बैठकर मधुर कण्ठ से गुनगुनाने लगी। उसकी गले की माधुरी और अंग की वास से मुग्ध होकर अंग उधर आए और उसे देखकर वे उस पर मुग्ध हो उठे। उन्होंने उसे अपना परिचय दिया तथा वहां आने का कारण जानकर उससे उसका परिचय पूछा। सुनीता ने अपने कुल और कर्म का परिचय दिया और कहा कि वह पति-कामना करती है और योग्य वर की खोज में घूम रही है। उसने यह भी कहा कि यदि आप मुझे सेवा का अवसर दें तो मैं अपने को धन्य समझूंगी। सुनीता के रूप-सौन्दर्य पर अंग मुग्ध हो ही चुके थे। उसके विनय और शील स्वभाव पर और अधिक मुग्ध होकर उससे गन्धर्व विवाह कर लिया। सुनीता और अंग से वेन की उत्पत्ति हुई। जो भगवान विष्णु के वर से इन्द्र पद का अधिकारी होने के बावजूद माता को मिले शाप के कारण काल का भोजन बना। इस तरह सुनीता का जीवन पुत्र के अभाव में दुःख से भर गया। किन्तु भगवान विष्णु की कृपा से वेन का पुत्र पृथु बहुत पराक्रमी और भगवान का भक्त हुआ।

भीष्म ने आगे पूछा कि वेन को विष्णु-लोक की प्राप्ति कैसे हुई। इसके उत्तर में ऋषि बोले कि चोट खाकर वेन सर्तक हो गया और रेवा नदी के किनारे जाकर उसने संयत होकर सैकड़ों वर्षों तक भगवान विष्णु की पूजा की। जब भगवान ने उसे दर्शन दिए तो वेन ने सशरीर उनके लोक में जाने की प्रार्थना की। वेन ने कहा कि आप कृपा करके मेरे पापों से मुझे मुक्त कीजिए और मेरा उद्धार कीजिए। भगवान ने उसे वरदान दिया और कहा कि तुम्हें अपनी माता को मेरे शाप के कारण कुबुद्धि का पात्र बनना पड़ा। फिर भगवान बोले कि दान, व्रत और तप से पुण्य का फल

मिलता है और इस काम में पत्नी की भूमिका भी होती है। यदि पत्नी शुभ कार्य में पति को प्रोत्साहित करती है तो वह साध्वी होती है। कुलटा स्त्री अपने पति के कामों में विध्न पैदा करती है और उसे पथभ्रष्ट कर देती है। साध्वी पत्नी भी तीर्थ ही होती है। ऐसा पुरुष पुण्य का भागी होता है। साध्वी पत्नी को पुत्र, पिता माता को और शिष्य अपने गुरु को छोड़कर आत्म-कल्याण नहीं कर सकता। उसका कल्याण इन्हीं के सम्बन्धों को निभाने में है।

वेन ने पूछा कि हे प्रभु आप यह बताइए कि किस प्रकार से सती पत्नी तीर्थ होती है? भगवान ने उसे बताया कि इस विषय में एक कहानी सुनाता हूं। उन्होंने वैश्य पत्नी शुकला का चरित्र सुनाया। उन्होंने कहा कि पुराने समय में वाराणसी में निवास करने वाले कृकल ने तीर्थ-यात्रा करने का विचार किया। उनकी पत्नी ने उनसे कहा कि मैं भी आपके साथ चलूंगी। तब उसके पति ने तीर्थ-यात्रा की कठिनाइयां बताई और शुकला की प्रार्थना को अस्वीकार कर दिया तथा अकेला ही चला गया। उसके पीछे शुकला ने अपने सारे श्रृंगार और खुशियां छोड़ कर घी आदि खाना भी छोड़ दिया और अपने पति के वियोग में रोने लगी। शुकला की सखियों ने भी उसे समझाया। उन्होंने उसे यहां तक कहा कि इस संसार में कोई किसी का सम्बन्धी नहीं है—न पति न पत्नी। इसलिए उसे जीवन का सुख उठाना चाहिए। लेकिन शुकला ने अपनी सखियों की बातों को व्यर्थ का बताया और पति को ही अपना सब कुछ मानकर उसके विरह में रही। उसने पति की अनुपस्थिति में प्रसन्न रहने वाली स्त्री को पश्चत्नी बताया। उसने नारीत्व के आदर्श के रूप में अपनी सखियों को सुदेवा का परिचय दिया और फिर उसने कहा कि काशी नरेश देवराज की सुन्दर कन्या सुदेवा का पाणि-ग्रहण प्रतापी राजा इक्ष्वाकु से हुआ। सुदेवा रूप सौन्दर्य से परिपूर्ण थी, गुणवती और पति-परायणा थी। राजा इक्ष्वाकु भी अपनी पत्नी को बहुत प्रेम करते थे। वे उनके साथ अनेक यज्ञ करते हुए जीवन-यापन करते थे। एक बार वह अपनी पत्नी के साथ वन में शिकार खेलने के लिए गए और पहले की तरह शेर, हाथी आदि के बीच में भटकते रहे कि उसी समय भयंकर शूकर अपनी पत्नी और बच्चों के साथ गुजरा और उसने राजा को देखा। उसने उसी समय अपने परिवार को एक सुरक्षित कन्दरा में सहारा लेने के लिए कहा। उसने अपने परिवार से कहा कि राजा ने मुझे देख लिया है और वह शिकारी है। अब उसके बाणों से मेरी रक्षा नहीं हो सकती। तब शूकर की पत्नी ने उससे आत्मरक्षा के लिए भाग जाने का अनुरोध किया। लेकिन शूकर ने उसका प्रस्ताव स्वीकार नहीं किया और कहा कि युद्ध के निमन्त्रण को ठुकराकर भागने वाला मनुष्य कुम्भी पाक नरक में जाता है और युद्ध

को स्वीकार करके विषय प्राप्त करने वाला स्वर्ग में जाता है तथा वीरगति पाने वाला मनुष्य भी हजारों साल तक स्वर्ग में निवास करता है। मैं राजा इक्ष्वाकु के साथ चुनौती को अनसुना करके पलायन नहीं करूंगा। शूकर के बच्चों ने भी अपने पिता को समझाया पर वह अपनी बात पर दृढ़ रहा और विदा लेकर अपने कर्मक्षेत्र में आ गया।

शूकर ने उसके बाद मेरू पर्वत के शिखर पर व्यूह-रचना की और आवाज करने लगा। राजा के सैनिक और आखेटक अपने कुत्तों के साथ उधर बढ़ने लगे और वराह को देखकर उनमें शिकार का मद बढ़ने लगा। राजा घोड़े पर सवार था और उसकी पत्नी उसके साथ थी। उसने शूकर का वध करने के विषय में सुदेवा को बताया और इसी समय शूकरी ने भी अपने पति को युद्ध से अलग होने का परामर्श दिया और कहा कि यदि आप युद्ध से अलग नहीं होंगे तो मैं भी आपके साथ रहूंगी। इस पर भी वह नहीं माना तो उसने पति के साथ रहने का निश्चय किया और पुत्रों ने भी माता-पिता को छोड़कर सुरक्षित स्थान पर जाने से इनकार कर दिया। शुकला ने कथा को आगे बढ़ाते हुए कहा कि इस तरह से वह सारा परिवार राजा के साथ युद्ध के लिए तैयार हो गया। इक्ष्वाकु ने उसे देखकर अपनी सेना को उसका वध करने का आदेश दिया और दोनों तरफ से भयंकर युद्ध होने लगा। राजा के सैनिक असफल हो गए तो इक्ष्वाकु ने स्वयं शूकर को मार दिया। जब वह पृथ्वी पर गिरा तो प्राणों का त्याग करते हुए वह गन्धर्व के रूप में स्वर्ग से आए विमान पर चढ़कर चला गया। इधर शूकरी ने अपने पति को मरता हुआ देखकर राजा के सैनिकों से भयंकर युद्ध किया। इक्ष्वाकु ने उसकी उपेक्षा की और इस बात की भी चिंता नहीं की कि उसकी सेना व्याकुल हो रही है। जब सुदेवा ने इसका कारण पूछा तो राजा बोले कि मैं स्त्री को नहीं मारता और यह शूकरी अपने आप थोड़ी देर में पशत होकर गिर जाएगी। कुछ देर के बाद ऐसा ही हुआ। फिर सुदेवा दयावश उसके पास गई तथा उसके मुख पर जल गिराया। जब वह शूकरी होश में आई तो उसने मनुष्य की वाणी में सुदेवा को धन्यवाद दिया। मनुष्य की वाणी सुनकर सुदेवा ने उसके विषय में जानना चाहा तो वह बोली कि मेरा पति शूकर रंग विद्याधर नाम का गन्धर्व था और वह मेरू पर्वत पर संगीत-साधना किया करता था। वहीं पर ऋषि पुलस्त्य तपस्या करते थे। उन्होंने मेरे पति को कहीं और जाकर संगीत-साधना का आदेश दिया। तब मेरे पति ने कहा कि आप तो जितेन्द्रिय हैं, आपके तप में बाधा नहीं पड़नी चाहिए। मेरे संगीत से शिव, कुबेर और इन्द्र देवताओं के समान आपको भी प्रसन्न होना चाहिए। यह सुनकर ऋषि पुलस्त्य स्वयं वहां से चले गए। लेकिन विद्याधर के मन में न जाने क्या आया कि वह मुनि की परीक्षा लेने उसी स्थान पर जाकर संगीत-साधना करने लगा। पुलस्त्य ने मन में विचार किया कि मैंने इसे छोड़ दिया है इसलिए इसका साहस बढ़ गया है। अब इसे दण्ड देना चाहिए। क्योंकि विद्याधर ने शूकर की-सी ध्वनि

निकालकर मुनि को विघ्न पहुंचाया था इसलिए मुनि ने उसे शूकर होने का शाप दिया। इस शाप को सुनकर विद्याधर इन्द्र के पास गया और इन्द्र को साथ लेकर मुनि से क्षमा-याचना करने के लिए आया। उसकी क्षमा-याचना के बाद मुनि ने कहा कि मनु के पुत्र इक्ष्वाकु के हाथ से वध होने पर तुम्हारा कल्याण होगा।

यह सुनकर सुदेवा ने उस शूकरी से उसकी पशु योनि का वृत्तांत जानना चाहा तो उसने बताया कि मैं कलिंग प्रदेश में श्रीपुर नाम के स्थान में वसुदत्त नाम के सत्यवादी ब्राह्मण की कन्या थी। मैं बहुत रूपवती थी और मेरा नाम सुदेवा था। अनेक ब्राह्मण मुझे पत्नी बनाने के लिए इच्छुक थे लेकिन मेरे पिता ने किसी की बात नहीं मानी। जब मैं युवती हो गई तो मेरी माता के कहने पर मेरे पिता ने मेरा विवाह शिव शर्मा नामक एक कुलशील वेदज्ञ और सदाचारी ब्राह्मण के साथ कर दिया। किन्तु वह धनवान नहीं था और मेरे पिता ने उसे अपने घर में आश्रय दे दिया था। मैं अपने पिता के धन के मद में चूर होकर अपने पति को कुछ नहीं समझती थी। उसके साथ हमेशा क्रूरता का व्यवहार करती थी। शिव शर्मा इतना साधु था कि मेरी क्रूरता का भी बुरा नहीं मानता था। लेकिन मेरे परिवार वाले मेरे इस व्यवहार से बहुत दुखी होते थे। अन्त में मेरा पति भी मुझे छोड़कर चला गया। मेरे माता-पिता ने मुझे अपने घर से बाहर निकाल दिया। उसके बाद मैं दीन-हीन होकर अपना पेट भरने के लिए भिक्षा मांगने लगी। इसी प्रकार मैं भटकती हुई शिव शर्मा के ही घर के बाहर पहुंची और भिक्षा मांगी। तो उसने मंगला नाम वाली पत्नी से मुझे भीतर बुलाकर भोजन कराने के लिए कहा। भोजन के बाद शिव शर्मा ने मुझसे मेरे आने का कारण पूछा तो मुझे लज्जा आ गई। इसके बाद मंगला ने मेरे सम्बन्ध में शिव शर्मा से पूछताछ की तो उसने मेरा परिचय देते हुए कहा कि यह बेचारी मेरे वियोग से दु:खी होकर भिक्षुणी के रूप में यहां आई है। पति के वचन सुनकर मंगला ने मेरा स्वागत किया और मुझे अपने घर में ही रहने दिया।

शिव शर्मा के व्यवहार और मंगला की उदारता पर मुझे बहुत आश्चर्य हुआ। लेकिन इस बात का दु:ख भी हुआ कि मैंने ऐसे उदार पति की सेवा नहीं की और इसी भावना को मन में रखे-रखे मेरा प्राणांत हो गया। मेरे मरने पर यमदूत मुझे बांधकर ले गये और उन्होंने बहुत यातनाएं दीं। मैं अत्यन्त निकृष्ट योनियों में भटकने के बाद शूकर योनि में पैदा हुई। अब तुमने जिस तीर्थ जल के छींटे मुझ पर डाले हैं उससे ही मुझे पूर्व जन्मों की स्मृति हो गई है और मैं तुमसे उद्धार की प्रार्थना करती हूं। तुम मुझे अन्य योनियों के कष्टों से बचा लो।

शूकरी के यह कहने पर सुदेवा बोली कि मेरे पास ऐसा कौन-सा पुण्य है जिससे मैं तुम्हारा उद्धार कर सकती हूं? तब उसने कहा कि तुम अत्यन्त पतिव्रता हो, पति सेवा की पूंजी अथाह रूप से तुम्हारे पास है। यदि तुम मुझे एक दिन की

पति-सेवा का पुण्य दे दो तो मेरा उद्धार हो सकता है। सुदेवा ने शूकरी की प्रार्थना सुनकर उसे अपनी एक वर्ष की सेवा का फल दे दिया। परिणामस्वरूप शूकरी ने नया और दिव्य स्वरूप धारण किया और सुदेवा को प्रणाम करके स्वर्ग लोक की ओर गमन किया। शुकला ने यह आख्यान सुनाया और कहा कि पति की अनुपस्थिति में मेरे लिए संसार में कुछ भी नहीं है।

शुकला के पतिव्रत धर्म के विषय में जानकर इन्द्र घबड़ा गए और उसका तप भंग करने का विचार करने लगे। इन्द्र ने अपने आपको बहुत सजा-संवारकर शुकला के सामने उपस्थित किया और अपना वैभव बताकर प्रेम का निवेदन करने लगा। लेकिन उसने उसकी ओर देखा भी नहीं। इसके बाद उन्होंने निराश होकर एक दूती को उसके पास भेजा। दूती ने भी तरह-तरह से शुकला को यौवन के उपभोग का तर्क देकर इन्द्र के साथ सहवास करने के लिए तैयार करने की चेष्टा की। उसने इन्द्र के वैभव की विलासिनी बनने का लालच दिया। जब यहां पर भी सफलता नहीं मिली तो इन्द्र ने कामदेव का आश्रय लिया। कामदेव ने अपने पांचों बाण चलाकर उसे कामुक करना चाहा। किन्तु कामदेव को पराजय का मुंह देखना पड़ा। कामदेव को यह जानकर आश्चर्य हुआ कि विश्वामित्र, गौतम, पराशर महान मुनि उसके बाणों का सामना नहीं कर सके। तब वह उसे किस प्रकार उपेक्षित और पराजित कर सकते हैं। इस पर उसके बाणों का असर क्यों नहीं हो रहा है। फिर कामदेव अपने छल के बल से शुकला को इन्द्र के वन में ले गया लेकिन उस इन्द्र का कपट उसके सामने खुल गया और फिर इन्द्र को उसके शाप से भय लगने लगा। फिर वह अपने घर लौट आई और पति चिंतन करने लगी।

बहुत दिनों बाद जब कृकल तीर्थों की यात्रा करके लौटा तो धर्म उसके समीप आया और बोला कि तुम्हारे तीर्थों के फल से तुम्हारे पितरों का उद्धार नहीं हुआ है क्योंकि तुम्हें कोई फल नहीं मिला। इस पर वह आश्चर्यचकित होकर पूछने लगा कि ऐसा क्यों? फिर धर्म ने उत्तर दिया कि जो पुरुष अपनी पति-परायण स्त्री को छोड़कर तीर्थों की यात्रा करता है वह अपनी पत्नी को वियोग की ज्वाला में जलाने के पाप का भागी बनता है इसलिए उसका पुण्य नष्ट हो जाता है। तुम्हारे साथ भी ऐसा ही हुआ है। तुमने अपने गृहस्थ धर्म को न निभाकर एक तरह से चौर कर्म किया है। इसके बाद उन्होंने कहा कि तुम घर जाओ और विरह में दुखी अपनी पत्नी से बात करो और उसके साथ मिलकर अपने पितरों के उद्धार के लिए श्राद्ध करो। दान दो और इस धर्म, कर्म से तुम्हारे पितरों का उद्धार होगा। इसके बाद वह अपने घर लौट आया और दोनों ने मिलकर देवी-देवताओं की पूजा की, पितरों का श्राद्ध किया और पुण्य-फल प्राप्त किए।

इस तरह पति-परायण स्त्री एक तीर्थ होती है और वह बड़े भाग्य से मिलती है। ऐसी पत्नी के साथ मिलकर पुण्य करने वाला व्यक्ति घर बैठे ही तीर्थों का पुण्य पा लेता है।

इसके बाद वेन ने पितृ तीर्थ के सम्बन्ध में पूछा तो भगवान बोले कि पिप्पल नाम के एक तपस्वी ब्राह्मण ने एक हजार साल तक तप किया। उसके शरीर पर सांप लिपट जाते थे तो भी उसे पता नहीं चलता था। एक दिन उसके तप से प्रसन्न होकर ब्रह्मा और शिव वहां आए। उसे हमने (क्योंकि मैं भी वहां गया था) मिलकर वरदान दिया कि वह विश्व-विजयी विद्याधर हो। इस वर को पाकर वह घमण्डी हो गया और जब वह एक तालाब के किनारे बैठा था तो सारस ने उससे कहा कि कुण्डल के पुत्र सुकर्मा के सामने उसका तप कुछ भी नहीं है।

पिप्पल कुण्डल के पुत्र के विषय में जानने के लिए उसके आश्रम पर गया तो उसने देखा कि वह अपने बूढ़े माता-पिता की सेवा कर रहा है। सुकर्मा ने उसका स्वागत किया और पूरा इतिहास बताकर यह भी कहा कि सारस के रूप में विष्णु भगवान ही थे।

सुकर्मा ने पिप्पल के कहने पर देवताओं का आह्वान किया और उसे दर्शन कराए। पूछने पर उसने बताया कि यह माता-पिता की सेवा का फल है। इस सेवा से ही मुझे तप, दान, यज्ञ का फल प्राप्त होता है। फिर उसके बाद सुकर्मा ने क्रोध से नष्ट होने वाले तुरु और युद्ध का तथा पिता के आशीर्वाद से वैभव पाने वाले पुरु का आख्यान सुनाया।

नहुष का बेटा ययाति पिता-भक्त था और जब ययाति के पुण्य कर्मों का परिचय इनको मिला तो वह चिंतित हो गया। नहुष ने इन्द्र पद पा लिया था तो हो सकता है उसका बेटा भी इन्द्रपद पा ले। इसलिए उसने ययाति को लाने के लिए अपने सारथी को भेजा। मातलि ने वहां जाकर ययाति को यह शरीर छोड़कर दिव्य देह धारण करके इन्द्रलोक चलने को कहा लेकिन ययाति न माना। जब मातलि ने बहुत बल दिया तो ययाति ने पूछा कि आप मुझे यह बताइए कि मैं उस शरीर को कैसे छोड़ दूं जिस शरीर के बल पर मैंने यह शुभ कर्म किए हैं कि आप मुझे लेने आए हैं। यह भौतिक शरीर तो भगवान विष्णु का परम दान है। इस योनि में आकर जीव अपने कर्मों के द्वारा स्वर्ग और अपवर्ग प्राप्त करता है और इसी से भगवान विष्णु का परम धाम मिलता है। यहां पर मनुष्य अनेक प्रकार से आत्मघात करता हुआ भी कुकर्म करता है और अपने सत् कर्मों से आत्मा का उद्धार भी कर लेता है। यदि मनुष्य संयम से जीवन बिताए तो उसे रोग-शोक भी नहीं सताते। मनुष्य का शरीर पाने पर ही भगवान विष्णु की पूजा करने का अवसर मिलता है।

ययाति के राज्य में वैष्णव धर्म के प्रचार से शोक, दुःख, पाप समाप्त हो गए थे। उधर धर्मराज ने इन्द्र के पास जाकर ययाति के धर्मकर्म की प्रशंसा की और इन्द्र को सावधान किया। इन्द्र ने फिर कामदेव को बुलाया और रति ने कामदेव के कहने पर ययाति की नाटकशाला में नटी का वेश धारण किया और वामन लीला दिखाई। इस लीला को देखते हुए नटी की रूप-सुषमा पर ययाति मुग्ध हो गये। इस तरह उस साधु राजा के मन में वासना प्रविष्ट कर गई।

कुछ दिन के बाद आखेट करते हुए विशाला नाम की एक सुन्दर लड़की को देखकर भी ययाति के मन में कामभाव पैदा हो गया। ययाति उस समय बूढ़े थे। लेकिन उसकी कामभावना युवकों के समान थी और इस युवती को भोगने के लिए वे बूढ़े से युवक बनने की कामना करने लगे।

ययाति ने अपने पुत्र को बुलाया और उससे यौवन मांगा तब पुत्रों ने पिता को समझाया किन्तु पिता नहीं माने। वे विशाला के सौन्दर्य पर मुग्ध हो गए थे। पुत्रों के न मानने पर तुरु को घोर पापी होने का शाप दे दिया और फिर दूसरे यदु ने भी उनकी बात नहीं मानी तो उसे कुम्भी पाप नरक में जाने का शाप दे दिया। फिर उनके तीसरे पुत्र पुरु ने अपने पिता की बात को स्वीकार कर लिया। पिता के शाप से तुरु और यदु का पतन हो गया और पुरु को पिता का राज्य मिला।

पुरु के यौवन को पाकर ययाति ने विशाला के साथ गन्धर्व विवाह किया और वर्षों तक उसके साथ सुख भोगता रहा। वह उसमें इतना तल्लीन था कि शर्मिष्ठा-देवयानी उससे ईर्ष्या करने लगीं। ययाति ने यदु को माताओं का वध करने की आज्ञा दी। लेकिन यदु ने वह आज्ञा नहीं मानी। परिस्थिति कठोर हो गई थी और विशाला ने ययाति को विष्णु लोक चलने को कहा। जब ययाति ने प्रजा-पालन की बात की तो विशाला ने परामर्श से उसने अपना राज्य पुरु को सौंप दिया और विष्णु लोक जाने के लिए तैयार हो गया। उसने पुरु को बुलाया और कहा कि अपना यौवन ले लो और मुझे मेरा बुढ़ापा दे दो।

पुरु ने यौवन वापस ले लिया और अपने युवा पुत्र को ययाति ने राज्य सौंप दिया। फिर वह विशाला के साथ स्वर्ग लोक चला गया। वहां इन्द्र ने उसका सत्कार किया और फिर वहीं से विष्णु-लोक चला गया।

इस प्रकार माता-पिता की सेवा और उनकी भक्ति से बढ़कर और कोई पुण्यशाली तीर्थ नहीं है। मुझे जितना भी वैभव, सुख-सम्पत्ति मिली है, वह केवल माता-पिता की सेवा के बल पर है। मेरा अनुरोध है कि आप अपने सच्चे मन से माता-पिता की सेवा करें और पुण्य-प्राप्ति करें।

इस कथा के बाद वेन से विष्णु भगवान बोले कि पिता की पूजा भी एक प्रकार से तीर्थ का रूप है और संतान का कल्याण होता है। इस पर वेन ने कहा कि अब

आप मुझे गुरु और महात्मा की पूजा के उत्तम स्वरूपों को बताने का कष्ट करें, क्योंकि गुरु की पूजा को भी उत्तम तीर्थ माना गया है।

भगवान् विष्णु ने कहा कि गुरु शिष्य के अज्ञान को नष्ट करता है और ज्ञान का प्रकाश उसके मन में उसी तरह फैला देता है जैसे सूर्य लोकों में प्रकाश करता है।

भगवान विष्णु ने वेन से कहा कि पिता और गुरु दोनों की पूजा अज्ञान के अंधकार का नाश करती है।

इसके बाद अनेक अच्छे-बुरे चरित्र पिता ने अपने पुत्र को सुनाए। इसे सुनकर यवन ने उस पक्षी के दिव्य ज्ञान का कारण पूछा। इसके उत्तर में कुंजल ने च्यवन के ही कुल-गोत्र आदि का परिचय दिया और फिर बोला कि यह पूर्व जन्म की बात है, एक विद्याधर नाम का विद्वान बहुत ज्ञानी और वेदज्ञ था। मैंने उनके घर जन्म लिया और मैं गुणहीन पुत्र रहा। मेरे दोनों बड़े भाई बहुत आचारवान और गुणी थे। पिता ने मुझे गुणवान बनाने की बहुत कोशिश की लेकिन मैंने उनका हमेशा उपहास किया। मैं इससे दुखी भी रहने लगा क्योंकि अन्य लोगों ने मेरी उपेक्षा प्रारम्भ कर दी। फिर मन्दिर में एक ब्रह्मवादी महात्मा की सेवा करने से मुझे यह ज्ञान प्राप्त हुआ और उसी के कारण मैं दिव्य दृष्टि सम्पन्न हो गया। लेकिन मेरी यह जो पक्षी योनि है, यह संसारदोष का फल है। मैंने एक तोता पाला था। वह मुझे पिता और मैं उसे पुत्र समझने लगा था। एक बार उस तोते को बिल्ली खा गई तो मैं उसके दु:ख में इतना दुखी हुआ कि मेरी मुक्ति हो गई। उस भयंकर आसक्ति के कारण ही मुझे यह पक्षी योनि मिली। लेकिन पहले गुरु के कृपा से मैं ज्ञानी बना रहा हूं।

इसके बाद भगवान नारायण वेन से बोले कि हे राजन्! अब तुम मुझे अपनी भावना बताओ। इसे सुनकर वेन ने कहा कि मैं देह सहित आपके लोक को जाना चाहता हूं। यह सुनकर भगवान नारायण बोले कि तुम अश्वमेघ और राजसूय यज्ञ करो और फिर सोना, पृथ्वी अन्न दान करके उन सबका फल मुझे अर्पित करो। यह सब करके तुम शरीर सहित मेरे लोक में आ सकोगे।

भगवान के अन्तर्ध्यान होने पर वेन ने पृथु को बुलाया और उसे अपना राज्य सौंप दिया। फिर उसके बाद पृथु ने राज्य वेन को सौंप दिया और वन में जाकर सौ वर्ष तक तप किया। पृथु के तप से ब्रह्मा ने उसे वर मांगने के लिए कहा। तब उसने वर मांगा कि मेरे पिता के राज्य में कोई पाप कर्म न करे और मेरे पिता प्रजा के द्वारा किए गए किसी भी फल को न भोगें। ब्रह्मा ने उसे यह वरदान दिया और उधर वेन की प्रजा धर्मपरायण हो गई।

पृथु घर लौट आए, फिर पिता के साथ अनेक यज्ञ संपन्न किये जिनसे भगवान विष्णु प्रसन्न हुए और वेन देह सहित स्वर्ग चले गये।

□□□

स्वर्ग खण्ड

भीष्म ने ऋषि पुलस्त्य से कहा कि आपने अनेक सुन्दर कथाएं सुनाकर मेरा बहुत ज्ञानवर्धन किया है। किन्तु मैं और अधिक विस्तार से सुनने की इच्छा रखता हूं। इस पर पुलस्त्य ने कहा कि मैं तुम्हें अन्य अनेक सुन्दर प्रसंग सुनाता हूं। एक समय सूत नैमिष क्षेत्र में आये। वहां पर महर्षि सौनक का सम्मान करके ऋषि मुनि अपने संवाद में व्यस्त हो गए। सूत इसी बीच यहां पहुंचे थे। तब ऋषियों ने सूत से भगवान् विष्णु से सम्बन्धित अनेक क्षेत्र, नदियां तथा अन्य तत्त्वों का वर्णन करने के लिए कहा। उन्होंने यह प्रार्थना सुनकर उत्तर दिया कि मेरे गुरु वेदव्यास ने कुछ विशिष्ट पुण्य तीर्थों का परिचय दिया है। उसे मैं आपके सामने सुनाता हूं। इन तीर्थों के साथ मनुष्य की अनेक उत्पन्न स्थितियां, आश्रम, स्वर्ग तथा उसके जीवन का धन-सम्पत्ति-संग्रह आदि भी संक्षेप में वर्णित है।

सूत ने कहा कि हे ऋषियों, सृष्टि का सर्वश्रेष्ठ एवं सर्वाधिक विकसित प्राणी मनुष्य है। यह मनुष्य पंच ज्ञानेन्द्रियों, कर्मेन्द्रियों और एक मन, इन ग्यारह साधनों से सृष्टि सम्बन्धी विविध क्रियाएं करता है। तात्पर्य यह है कि ब्रह्मज्योति से उत्पन्न प्रधान, महत्, अहंकार, पंच-तन्मात्राओं और पंच भूतों के संघ का अधिष्ठाता जब यही पुरुष बन जाता है, तभी इनमें सर्जन की क्षमता आ पाती है। इस सामर्थ्य के देने वाले भगवान विष्णु हैं। वे ही कल्पों की विकल्पना पर्यन्त श्रीराम आदि का स्वरूप ग्रहण कर इस संसार का पालन-रक्षण किया करते हैं और इच्छा होने पर वे ही रुद्र रूप में सृष्टि का संहार कर दिया करते हैं। किन्तु इस स्थिति को पूरी तरह से जानने के लिए यह जानना बहुत आवश्यक है कि संसार में प्रलय के पहले ब्रह्मज्योति के अतिरिक्त और कुछ नहीं था और सृष्टि रचना की इच्छा करने पर अव्यक्त ब्रह्म से प्रधान और प्रधान से महत् उत्पन्न हुआ। इस महत् का नाम ही सत्व-रज-तम-त्रिगुणात्मिका प्रकृति कहा जाता है। इससे अहंकार उत्पन्न होता है और फिर महत्! अहंकार भूत आदि की विकृति को बनाता हुआ शब्द तन्मात्रा को और फिर स्पर्श इस रूप और गन्ध तन्मात्राओं को पैदा करता है। फिर इनसे आकाश, वायु, जल, तेज और पृथ्वी पंच भूतों की उत्पत्ति होती है और फिर चार प्रकार के प्राणियों की सृष्टि होती है।

पृथ्वी, जल, वायु और आकाश में भूमि प्रमुख है। क्योंकि भूमि में शब्द, रस, रूप, गन्ध और स्पर्श पांचों गुण हैं। जल में गन्ध गुण के अतिरिक्त चार गुण हैं। तेज में शब्द, स्पर्श और रूप–तीन गुण तथा वायु में शब्द और स्पर्श दो गुण और आकाश में केवल एक गुण होता है। ये पंच भूत अचिन्त्य होने के कारण तर्क से परे हैं।

इस पृथ्वी पर भारत परम उत्तम स्थान है। भारत में अनेक पर्वतों में मलय, महेन्द्र, सह्य, शक्तिमान, विन्ध्य, परिपात्र और ऋक्षवान–ये सात विशेष प्रकार के पर्वत हैं। यहां पर गंगा, सरस्वती, गोदावरी, यमुना, नर्मदा, वितस्ता, विपाशा, वेत्रवती, ईरावती, गोमती, सरयू, कावेरी, विदिशा, शिप्रा आदि अनेक प्रमुख नदियां हैं। इनके साथ ही पांचाल, शूरसेन, मत्स्य, कौशल, भोज, सिन्धु, उत्कल, कलिंग, अवन्ति, मगध, केरल, कर्नाटक, कोंकण, मालव, आभीर, सुराष्ट्र आदि अनेक सुन्दर जनपद हैं।

भारत देश में चार युगों में काल का विभाजन किया गया है और ये क्रम से 4000, 3000, 2000, और 1000 वर्ष की आयु, वाले माने गये हैं। कलियुग में जीवों की आयु बहुत कम होती है। लोग जल्दी मृत्यु को प्राप्त होते हैं। कृत युग में अधिकांश धर्मात्मा प्रवृत्ति, तेजस्वी, सत्यपरायण राजाओं का जन्म होता है। त्रेता युग में चक्रवर्ती राजा जन्म लेते हैं और द्वापर में सभी वर्णों के लोग उत्पन्न होते हैं और इन सबसे विपरीत कलियुग में झूठ बोलने वाले, अहंकारी लोगों की प्रधानता होती है।

यह सुनकर ऋषि ने पूछा कि हे प्रभु आप यह बताइए कि जिन तीर्थों का वर्णन किया गया है, क्या मनुष्य इन सारे तीर्थों का सेवन कर सकता है। आप कोई ऐसा उपाय बताइए कि किसी एक तीर्थ से कलियुग में लोगों का कल्याण हो जाए। यह सुनकर सूत बोले कि तीर्थों का फल पाने वाला साधक कोई–कोई संयमी होता है। ऐसे साधक को सत्यवक्ता, जितेन्द्रिय के समान व्यवहार करने वाला, समान देखने वाला, शांत, घर की चिन्ता करने वाला होना चाहिए। यज्ञ आदि के लिए शक्ति और समय चाहिए। यह राजाओं का कार्य है। सामान्य मनुष्य को तो तीर्थों का सेवन कर लेना चाहिए और तीर्थों का सेवन करने से उन्हें जो फल मिलता है वह राजाओं के द्वारा दिये गए बड़े यज्ञों का फल के समान है।

सूत ने कहा कि भारत में पुष्कर को कम–से–कम दस हजार तीर्थराज की संज्ञा दी गई है। पुष्कर को कम–से–कम दस हजार तीर्थों का सान्निध्य प्राप्त है और जो मनुष्य यहां पर तपस्या करता है या इस तीर्थ का सेवन करता है वह अपना लोक–परलोक ही नहीं सुधारता, उसे समस्त तीर्थों की यात्रा का फल मिलता है और वह परम पद को प्राप्त होता है। इस पुष्कर तीर्थ में देव–दानवों सहित आदित्य, वसु, रुद्र के साथ स्वयं भगवान विराजमान रहते हैं और पितामह ब्रह्मा भी निवास करते

हैं। न जाने कितने दैत्य और देवों ने इस तीर्थ में आकर अपनी मन-वांछित कामना पूरी की है। जिस तरह सारे देवों में भगवान नारायण हैं उसी प्रकार तीर्थों में पुष्कर तीर्थ है। यहां पर आने से पुण्य फल मिलता है। किसी पुण्य को संचित करने वाला व्यक्ति ही यहां आ पाता है। यहां तप करने से बहुत अधिक पुण्य प्राप्त होता है।

इस क्षेत्र में अनेक सुन्दर आश्रम बने हुए हैं और उन आश्रमों में रहकर तथा उनके दर्शन कर मनुष्य को असीम शांति मिलती है। इनमें मुख्य हैं–उमापति मन्दिर, महाकाल आश्रम, अगस्त्य आश्रम, ययाति पतन आश्रम, कन्याश्रम आदि।

यह सुनकर ऋषियों ने सूत से कर्मयोग के विषय में पूछा। सूत ने कहा कि मनु द्वारा प्रतिपादित कर्मयोग पहले वेदव्यास ने ऋषियों को बताया था, वही कर्मयोग संक्षेप में मैं आपको बताता हूं।

ब्राह्मण को चाहिए कि वह अपने पुत्र का यज्ञोपवीत संस्कार आठवें वर्ष में कराएं और फिर उसके बाद पुत्र को वेद आदि की शिक्षा दें। यज्ञोपवीत धारण करने के बाद ब्राह्मण को दण्ड मेखला लेते हुए मुनि के रूप में रहना चाहिए। उसके कर्त्तव्यों में वेदों का अध्ययन, भिक्षा मांगना और गुरु-सेवा मुख्य अंग हैं। ब्रह्मचारी ब्राह्मण को चाहिए कि अपनी चोटी सहित कर्मों को करे क्योंकि शिखा में यदि गांठ न लगी हुई हो तो किए गए कर्म भी अपकृत हो जाते हैं। ब्राह्मण के लिए स्वाध्याय फिर भोजन-तर्पण और ब्राह्मणों के साथ रहने का विधान है। उसे चाहिए कि वह जब भी गुरुजनों के सामने जाए, अपने नाम और गोत्र के उच्चारण से उन्हें प्रणाम करें। वह अपने से छोटे से कुशल पूछे और अपने से बड़े से आशीर्वाद प्राप्त करें।

माता-पिता, अग्रज, मामा, पितामह, माता-मातामही, गुरु, पत्नी, अग्रजा-इन सबकी गणना सम्मानीय व्यक्तियों में होती है और इन सब को आदर सहित प्रणाम करना चाहिए। कर्म विधान में उच्च वर्ण वाले को निम्न वर्ण वालों के प्रति प्रणाम अर्पित करने के विधान नहीं हैं। अर्थात् बड़ा छोटे को प्रणाम न करे। वर्ण-भेद से भी प्रणाम के अलग प्रकार हैं और इसमें ब्राह्मण को स्वस्ति शब्द लगाकर प्रणाम करना चाहिए। शूद्र, वैश्य और क्षत्रियों के लिए ब्राह्मण पूज्य और प्रणम्य है। जिस तरह से द्विजातियों का गुरु अग्नि है उसी तरह सबका गुरु ब्राह्मण है।

सामाजिक व्यवहार में सम्मान को निर्धारण करने वाले पांच तत्त्व होते हैं। विद्या, कर्म, आयु, सम्बन्ध और धन। यह क्रम प्रतिष्ठा के अनुरूप रखा गया है। इसमें सबसे कम महत्त्व का सम्मान धनवान का है और अधिक महत्त्व का सम्मान विद्वान का है। शेष सम्मान अपने-अपने सम्बन्धों पर और कर्मों पर निर्धारित होते हैं। शेष सम्मान अपने-अपने सम्बन्धों पर और कर्मों पर निर्धारित होते हैं। सूत आगे बोले कि विद्या कि महत्ता से अन्य सम्बन्धों में भी विशेष महत्ता आ जाती है। अर्थात् यदि कोई

व्यक्ति धनवान भी हो और विद्वान भी तो वह बहुत अधिक पूज्य है। सामान्य व्यवहार में इस बात का ध्यान रखना चाहिए कि राजा, ब्राह्मण, स्त्री, बोझा उठाने वाला कमजोर, ब्रह्मचारी, संन्यासी यदि मार्ग में मिले तो उनके लिए मार्ग छोड़ देना चाहिए। उन्हें पहले जाने देना चाहिए।

अब मैं चारों आश्रमों के कर्त्तव्य कर्म का उल्लेख करता हूं।

ब्रह्मचारी को चाहिए कि वह अपना हाथ-पैर धोकर पवित्र स्थान पर शांतिपूर्वक भोजन करे। प्रारम्भ और अन्त में आचमन से आत्म-शुद्धि करे और वृक्ष की छाया, कुआं, नदी, श्मशान, हरी घास, खण्डहर, बगीचा, राजमार्ग आदि को प्राकृतिक सुविधाओं के लिए प्रयोग न करें।

आगे सूतजी बोले कि ब्रह्मचर्य के बाद दूसरा गृहस्थ आश्रम है। यह पूरा मनुष्य का शरीर धर्म और कर्म का ही साधन है। गृहस्थ धर्म में सम्पूर्ण रूप से कर्म और धर्म का पालन होता है। यह सबसे अधिक उपयोगी और पुण्यमय आश्रम है। क्योंकि इस आश्रम में मनुष्य भोग करता हुआ भी तपस्यारत रहता है। इस आश्रम पर अन्य तीन आश्रमों के निर्वाह का भार भी होता है। गृहस्थ को चाहिए कि वह अपना अधिकांश समय शरीर की सिद्धि में न लगाकर धर्म के आचरण में लगाए तो उससे उसका जीवन सफल होता है। यदि उसने केवल शरीर-सुख पर ही ध्यान दिया तो उसका धर्म पूरा नहीं होगा।

ब्रह्मचारी अपने गुरु की आज्ञा लेकर गृहस्थ आश्रम में प्रवेश करे और फिर रूप-सम्पन्न, सुलक्षणा, दोषरहित स्त्री को पत्नी बनाए। ऋतुकाल में पुत्र-प्राप्ति तक भार्या से अभिगमन करे। षष्ठी, अष्टमी, द्वादशी, चतुर्दशी और पंचदशी पत्नी-मिलन के लिए निषिद्ध किए गए हैं। अच्छे गृहस्थ को चाहिए कि वह यज्ञ आदि करता रहे और विद्या से सम्पन्न लोगों से अपनी मैत्री रखे तथा अतिथियों का स्वागत करे। उनके चरित्र में क्षमाशीलता का सर्वोच्च गुण होना चाहिए। क्षमा, दान, दया, सत्यनिष्ठा, शान्त प्रकृति—ये गृहस्थ के मूल धर्म हैं। गृहस्थ को चाहिए कि वह मोह असत्य को छोड़कर ही सांसारिक सुखों को प्राप्त करे। जीवों पर दया करना परोपकार, और वेदार्जन करके भगवान विष्णु की भक्ति में तल्लीन हो जाना ही अच्छे गृहस्थ का सबूत है।

अच्छे गृहस्थ को चाहिए कि वह मोह के वशीभूत होकर शूद्र के अन्न को न प्राप्त करे। क्योंकि शूद्र का अन्न खाने से तीनों वर्ण शूद्र ही हो जाते हैं। इसके साथ-साथ गृहस्थ को राजा, नर्तक, चरमकार, गणिका, चोर, और नपुंसक—छः प्रकार के व्यक्तियों का अन्न भी नहीं लेना चाहिए। इस तरह के अन्न को लेकर उसकी आत्मा अशुद्ध हो जाती है और रजस्वला स्त्री का बनाया हुआ भोजन लेना भी आयु-नाशक होता है।

सद्‌गृहस्थ को चाहिए कि वह ब्राह्मण, अतिथि और गऊ आदि से द्रोह न करे, पर-निन्दा न करे, ईर्ष्या, मद, मोह, छोड़कर अपने सामान्य कार्य में लगा रहे।

तीसरा आश्रम वाणप्रस्थ आश्रम है। इस आश्रम में मनुष्य स्त्री को साथ लेकर गृहस्थी छोड़कर वन में आ जाये यदि सम्भव हो तो पत्नी का भार पुत्रों पर छोड़कर स्वयं आश्रम में रहे। किन्तु यदि ऐसा न हो तो पत्नी को साथ रखे लेकिन सारे लोभ-मोह से छुटकारा पाकर किसी सुन्दर स्थल पर बने आश्रम में निवास करे। जटा धारण करे और व्रत-उपासना आदि ही करता रहे। यदि वह पत्नी के साथ भी रहे तो भी इस आश्रम में मनुष्य को जितेन्द्रिय ब्रह्मचारी रहकर केवल तत्त्व-चिन्तन करना चाहिए। जो वानप्रस्थ ब्रह्मचर्य का पालन नहीं करता वह भी पतित हो जाता है। उसे चाहिए कि वह पृथ्वी पर सोए और सभी ऋतुओं को सहन करता हुआ अपना जीवन-यापन करे।

वानप्रस्थ के बाद आत्म-कल्याण के इच्छुक मनुष्य को संन्यास ग्रहण करना चाहिए। इस आश्रम में आने का लाभ तभी है जब व्यक्ति के मन से सांसारिक वस्तुओं के प्रति वैराग्य उत्पन्न हो जाए। संन्यासी तीन प्रकार के होते हैं - ज्ञान संन्यासी, वेद संन्यासी और कर्म संन्यासी। सब तरह के मोह और आसक्तियों से दूर निर्द्वन्द्व होकर अपने में लीन रहने वाले संन्यासी को ज्ञान संन्यासी कहते हैं और वेद संन्यासी उसे कहते हैं जो जितेन्द्रिय, ज्ञानी और रात-दिन वेद के अभ्यास में लीन रहता है। अपने सारे कर्मों को ब्रह्म के प्रति समर्पित करते हुए अनासक्त हुए व्यक्ति को कर्म संन्यासी कहते हैं। ब्रह्मचारी के विषय में जीवन विधान का विशेष स्थान है। उसे किसी देवालय या गांव से दूर स्थान में निवास करना चाहिए और किसी से भी मित्र-शत्रु भाव रहीं रखना चाहिए। उसके लिए वर्षा काल के अतिरिक्त एक स्थान पर रहना भी वर्जित है। घूमते-घूमते भिक्षाटन करते हुए ज्ञानार्जन करना चाहिए।

सूत ने कहा कि सम्पूर्ण कर्मयोगी मनुष्य वह होता है जो अपने सारे कर्मों का विधान पूरा करके नियमों का पालन करता रहता है। ऐसा कर्मयोगी जन्म-मरण के बन्धन से मुक्त हो जाता है।

भगवान की भक्ति में सबसे बड़ी बाधा नारी मानी गई है। नारी के कारण देवों और मुनियों तक का पतन हो जाता है। यह नारी ही पुरुष की हितचिन्तक बनकर उसकी बुद्धि पर मोह का आवरण चढ़ा देती है। नारी की आसक्ति से मनुष्य विवेक, तत्त्व, ज्ञान, तीर्थाटन, स्वाध्याय का त्याग कर देता है और उसी के मोह में फंस जाता है।

परन्तु पुरुष को चाहिए कि वह आत्म-नियंत्रण करे क्योंकि नारी-संग और भगवान की भक्ति दोनों साथ-साथ नहीं चलते। इसी विषय पर चर्चा आगे चलाते हुए सूत ने कहा कि इसमें कोई सन्देह नहीं कि नारी का आकर्षण प्रबल होता है। इससे मुक्ति सरल नहीं है लेकिन पुराणों को सुनकर और अनेक ऋषि-मुनियों के आख्यान से नारी की आसक्ति पर विजय पायी जा सकती है क्योंकि यह धर्म का मूल है। मनुष्य अपने विवेक से सत्य और असत्य, ज्ञान और अज्ञान को जान लेता है और विवेक के कारण ही उसका अहंकार रूपी अंधकार नष्ट हो जाता है। इसलिए नारी के सम्बन्ध में भी उसे विवेक से काम लेना चाहिए। आत्म-कल्याण में दत्तचित्त और ज्ञान प्राप्त करने वाला मनुष्य भगवान हरि का ध्यान करके और पुराणों को स्मरण करके अन्तःकरण शुद्ध करता है और संयम से विवेकी होकर भगवान विष्णु के स्वरूप का चिंतन करता हुआ उसी में तल्लीन हो जाता है। इस तरह नारी के मोह-माया से मुक्ति का एकमात्र उपाय भगवान की भक्ति है।

सूत ने कहा कि भगवान तो क्रिया-रहित हैं। किंतु भक्तों के मन को प्रसन्न करने के लिए वह अवतार लेते हैं। फिर भक्त लीलाओं का दान करके अपने आपको धन्य करते हैं। भगवान की लीलाओं के दान से मिलने वाला फल राजसूय फलों से भी अधिक महत्त्वपूर्ण और पुण्य-प्रदाता होता है। जो मनुष्य भगवान के चरणों में भक्ति रखता है, वह नरक में जाने से बचता है। इसके आगे सूत ने कहा कि मनुष्य बहुत परिश्रम करके अनेक प्रकार की धन-सम्पत्ति प्राप्त करता है। किंतु उसका एक कण भी अपने साथ नहीं ले जाता। इसलिए संचय करना मनुष्य का उचित धर्म नहीं है। उसका मुख्य धर्म है दान। धन का सदुपयोग ही दान है। देव-मन्दिर का निर्माण देव-प्रतिमा की प्रतिष्ठा से धन की प्रतिष्ठा होती है। धन के सदुपयोग के साथ ही बल का सदुपयोग भी होना चाहिए। उसे चाहिए कि वह अपने बल को सुख-शांतिमय जीवन की व्यवस्था में लगाए। इस तरह धनवान सद्गृहस्थ को चाहिए कि वह स्थिर मन-बुद्धि से अपने निर्मल व्यवहार से अपने कर्म का पालन करे। क्योंकि निर्मलस्वरूप में कर्म-पालन करना मानव-जीवन के उत्थान के लिए परम लाभकारी है। भगवान विष्णु ही जिस जीवन के आधार हो वह जीवन और किसी बात की याचना नहीं कर सकता। जिसके हृदय में भगवान के चरण-कमल विराजमान हैं, वह निर्भय होकर अपने जीवन को चलाता है। इस प्रकार सद्गृहस्थ अपने कर्त्तव्यों का पालन करते हुए ही परम पुण्य को पाता है।

□□□

ब्रह्म खण्ड

(प्रस्तुत खण्ड में व्यास और शौनक के बीच के अनेक संवाद दिये गये हैं। इसमें अनेक ऐसे व्रत उल्लिखित हैं जिनसे मनुष्य को लाभ होता है।)

भीष्म ने पुलस्त्य से पूछा कि आपने कर्मयोग के विषय में बता कर बहुत कृपा की। अब मुझे जीवन की कुछ ऐसी स्थितियां बताइए जिनसे मनुष्य अपने जीवन को सदाचार की ओर ले जाए। मुझे आगे अनेक सुन्दर वृत्तांत सुनने की इच्छा है। मुझे बताइए कि कितने नामापराध होते हैं और उनसे मनुष्य किस प्रकार मुक्त हो सकता है? भीष्म के मुख से यह कथन सुनकर पुलस्त्य ने कहा कि अब मैं तुम्हें शौनक और सूत में हुआ पुराना वार्तालाप सुनाता हूं। इस वार्तालाप में कलियुग में कल्याण के सुगम उपाय बताए गए हैं।

शौनक ने एक बार सूत से पूछा था कि कल्याण के सुगम उपाय क्या हैं? इस पर सूत ने उत्तर दिया था कि जैमिनी और भगवान व्यास के बीच भी इसी प्रकार का एक संवाद हुआ था। मैं वह संवाद आपको सुनाता हूं।

पुलस्त्य ने कहा कि कलियुग में मनुष्य की आयु बहुत कम होती है और उसमें उन्हें अनेक कष्ट–रोग, शोक झेलने पड़ते हैं तो इसका उद्धार कैसे हो सकता है। तब व्यास ने बताया कि इसका एक ही उपाय है भगवान का भजन-पूजन और पठन-पाठन करें।

व्यास ने कहा कि साधु पुरुषों के संग रहकर शास्त्रों को सुनने से, तत्त्व-ज्ञान की चर्चा करने से, भगवान की भक्ति से, भगवान का गुण-श्रवण करने से प्राप्त तत्त्व-ज्ञान से मुक्ति होती है। किन्तु जैमिनी ने एक प्रश्न किया कि हे प्रभु! साधु पुरुषों की पहचान क्या है। जिससे उन्हें पहचाना जाए। तब भगवान व्यास ने उत्तर दिया–

1. जो पुरुष काम, क्रोध, लोभ, मोह से रहित हो वह साधु है।
2. जो पुरुष हिंसा से रहित और सब प्राणियों में समदृष्टि रखनेवाला हो।
3. सत्य-वक्ता और ब्राह्मण के चरणों में नमन करने वाला हो।

4. शास्त्र-अनुरागी और वेदज्ञ हो।
5. एकादशी, जन्माष्टमी और राधाष्टमी का व्रती हो।
6. सत्संग करने वाला हो।
7. भगवान विष्णु और उनके स्वरूप श्रीकृष्ण के प्रति परम वैष्णव भाव से भक्ति भाव रखने वाला और त्यागी तथा निर्मत्सर हो।

इस प्रकार साधु के लक्षण बताये गये हैं। किन्तु साधु पुरुष हों या पाप करने वाले भगवान के नाम-कीर्तन से प्रत्येक को मोक्ष प्राप्त हो जाता है। एक बार इसी तरह से पहले भी नाम-कीर्तन के विषय में सनत कुमार और नारद का संवाद हुआ था। वहां पर नारद ने सनत कुमार से भगवान विष्णु के नामकीर्तन की महिमा बताने का अनुरोध किया था। उन्होंने बताया था कि भगवान नारायण का परम भक्त ही उनके नाम-कीर्तन के महत्त्व को जान सकता है। जो व्यक्ति दम्भी, अहंकारी और अनेक अन्य दोषों से ग्रस्त निष्ठुर दुराचारी तथा विषयों में लीन रहता है वह भी नाम-संकीर्तन से भवसागर को पार कर लेता है। इस प्रकार नाम-कीर्तन का महत्त्व बहुत अधिक है।

सामान्य रूप से जब हम अनेक प्रकार के नामापराधों से बच जाते हैं तभी नाम-कीर्तन से फल मिलता है। किन्तु नामापराधों के विषय में पूछने पर सनतकुमार ने बताया कि दस प्रकार के नाम-अपराध होते हैं और वे इस प्रकार हैं-

(1) सत्पुरुषों की निन्दा। (2) भगवान विष्णु और शिव के गुण नामादि में भेद-बुद्धि। (3) किसी भी रूप में गुरु की अवज्ञा। (4) शास्त्र-निन्दा। (5) श्री हरि के नाम माहात्म्य से अर्थवाद की कल्पना। (6) धर्म, व्रत तथा होमादि में प्रमाद। (7) नाम-स्मरण में अप्रीति। (8) रात-दिन भौतिक पदार्थों में ममत्व और विषयासक्ति। (9) अकारूण्य। (10) विप्रचरणों से अरति।

जब तक मनुष्य इन अपराधों में लगा रहता है तब तक वह भगवान के नाम का स्मरण करने की प्रवृत्ति ही नहीं पाता। क्योंकि एक ओर नाम का स्मरण करता रहे और दूसरी ओर इन अपराधों में लीन रहे तो फिर उसे फल नहीं मिलता। किन्तु इन अपराधों में विलीन रहे तो फिर उसे फल नहीं मिलता। किन्तु इन अपराधों से मुक्ति का भी उपाय है और वह उपाय भी एक प्रकार से नाम-स्मरण ही है। क्योंकि जैसे-जैसे मनुष्य नाम का स्मरण करता रहता है। वैसे-वैसे वह सत्पुरूषों की निन्दा से दूर होता है और उसे इस बात का ज्ञान हो जाता है कि भगवान विष्णु और शिव के गुण तथा नामों में तात्विक भेद नहीं है। वह गुरु की अवज्ञा नहीं करता, वह केवल श्रद्धालु होकर भगवान के चरणों में अपने अपराधों से मुक्ति दिलाने की याचना करता है और उसी विषय में सोचता रहता है।

भगवान के नाम का संकीर्तन प्रयाग संगम की तरह लाभदायक है। नाम-जप से पुष्कर तीर्थ के स्नान का भी फल मिलता है। मनुष्य को चाहिए कि वह ब्राह्मण की पूजा कर गन्ध-अक्षत आदि से सम्मानित कर पुराणों के श्रवण का इच्छुक हो और उसे सुने। इस तरह सुख को प्राप्त करें। भजन-कीर्तन से और नाम रूपी अपराधों की मुक्ति से मनुष्य सुखी जीवन व्यतीत करता है।

सूत ने कहा कि पुराणों की महिमा मैं बहुत पहले बता चुका हूं। इस बात के स्मरण आते ही भीष्म ने पुलस्त्य से और आगे पुराण-चर्चा करने को कहा। यह सुनकर पुलस्त्य ने प्राचीन प्रसंग को सामने रखते हुए बताया कि एक बार ऋषियों ने भी यही बात कही थी और तब सूत ने इन्हें नारायण और भगवान शंकर का संवाद सुनाया था। इस संवाद में भगवान विष्णु का महत्त्व और पुण्य-प्राप्ति के लिए व्रत का महत्त्व बताया गया है। यह प्रसंग इस प्रकार है- एक बार नारद घूमते हुए मंदराचल पर्वत पर शंकर के दर्शन के लिए गए। वहां पहले शिव ने उनका आदर-सम्मान किया और फिर उनसे आने का कारण पूछा तो नारद ने बताया कि आप मुझे भगवान विष्णु की भक्ति की महिमा बताने की कृपा करें। उनके इस प्रश्न के उत्तर में महादेव शिव बोले-भगवान विष्णु भी अगम्य है। एक लाख 25 हजार पर्वतों के बीच बदरिकाश्रम नाम का एक पर्वत है। उस पर्वत के शिखर पर सफेद और कृष्ण रंग के दो, नारायण और नर नाम से प्रख्यात पुरुष रहते हैं। वे इस जगत के आदि पुरुष श्रीकृष्ण नारायण ही है। इनका सनातन स्वरूप व्यक्त भी है और अव्यक्त भी। सूर्य के उत्तरायण रहने पर ही नारायण भगवान की बदरिकाश्रम पर्वत पर पूजोपासना होती है। सूर्य के दक्षिणायन रहने पर यह आश्रम हिमाच्छादित रहता है। बदरिकाश्रम स्थित नारायण देव सभी देवों में परम विलक्षण हैं। इन जैसा देव न आज तक हुआ है और न ही आगे होगा। इस बदरिकाश्रम का दर्शन और वहां की अलकनन्दा नाम से प्रख्यात गंगा में स्नान करने से पाप-विनाश और पुण्यवृद्धि होती है। इसी प्रसंग में शिव ने एक अपना वृत्तान्त सुनाया। उन्होंने कहा कि एक बार मैंने स्वयं भगवान नारायण की आराधना करते हुए कठोर तपस्या की थी। भगवान नारायण मुझ पर प्रसन्न हुए और उन्होंने मुझे दर्शन दिये और यह भी पूछा कि मेरी कामना क्या है। उस समय मैंने परम कृपालु श्री नारायण भगवान को प्रणाम करके उनसे दो वर मांगे थे, प्रथम, अविचल भक्ति प्राप्त कर भक्तशिरोमणि बनना और द्वितीय स्वयं मेरा अपने भक्तों को मुक्ति देने में समर्थ होना। श्री भगवान ने मुझ पर कृपा करते हुए मुझे दोनों वर प्रदान कर दिए थे। बदरिकाश्रम में की गई तपस्या के फल से मैं अद्यावधि विष्णु भक्त के रूप में विख्यात हूं और जटाधारी तथा भस्मलिप्त होते हुए

भी अपने भक्तों को मुक्ति देने का सामर्थ्य रखता हूं। नारद! बद्रीविशाल थोड़ी ही भक्ति से शीघ्र प्रसन्न होने वाले और अवर्णनीय महिमा वाले नारायण देव हैं। जो मनुष्य अल्प भक्ति में ही परमपद प्राप्त करना चाहता है, उसे बद्री नारायण का दर्शन करना चाहिए।

इसके बाद नारद ने शंकर से वैभव प्रदान करने वाली व्रत-कथाओं के विषय में पूछा तो उन्होंने बताया कि कलियुग में भोग और मोक्ष दोनों को प्राप्त करने वाली व्रत-कथाएं हो सकती हैं। इस विषय में एक कहानी सुनाते हुए शिव बोले कि पुराने समय में हरिश्चन्द्र नाम का एक संतुष्ट और सारभौम राजा राज्य किया करता था। उसने एक बार विमान से घूमते हुए ज्ञान और योग के परम साधक सनत कुमार को हिरण्यमय पर्वत पर बैठे हुए देखा तो राजा नीचे उतरा और उनके पास आया। उन्हें दण्डवत प्रणाम करके उनके पास ही बैठ गया।

सनत कुमार ने उसके चेहरे पर जिज्ञासा देखकर उससे कुछ पूछने के लिए कहा। इस पर राजा ने पूछा कि हे भगवान! मुझे यह अपार सम्पत्ति प्राप्त हुई है। आप बताएं कि यह मेरे किन कर्मों का फल है और मैं ऐसा क्या करूं जिससे मुझे जन्म-जन्मांतर यह सुख-समृद्धि मिलती रहे? राजा का प्रश्न सुनकर सनत कुमार ने कहा कि आप पहले जन्म में सत्यवादी धर्मात्मा वैश्य थे और आपने अपने कुल-धर्म का परित्याग कर दिया था, जिससे आपकी जाति के बन्धुओं ने आपका साथ छोड़ दिया। आप धीरे-धीरे अकेले रह गये। आपकी पत्नी ने आपका बहुत साथ निभाया किन्तु अपने मित्रों और साथियों की अवज्ञा से दुखी होकर आप अपना घर छोड़कर चले गये। वहां कमल के फूलों से भरे तालाब से कमल बेचकर ही आपने अपना पेट भरने का निश्चय किया। आप उन कमल के फूलों को लेकर वाराणसी में आए किन्तु वहां उनका खरीदार कोई नहीं मिला फिर आप एक मठ में भटकते-घूमते पहुंच गये। वहां आपने देखा कि काशीराज इन्द्रद्युम्न और उसकी बेटी चन्द्रावती कृष्ण जन्माष्टमी का व्रत-उपवास करने के बाद भगवान श्रीकृष्ण का पूजन कर रहे थे। आपने अपने फूल भगवान पर चढ़ा दिये और अपनी पत्नी के साथ भक्ति-भाव से रातभर बैठकर भगवान का नाम-कीर्तन सुनते रहे। राजकुमारी ने आपकी अचल श्रद्धा और भक्ति को देखा और उसने अनुभव किया कि आपने जो फूल चढ़ाए हैं उससे उसकी पूजा का विधान पूरा हो गया है। यह समझकर उसने आपको कुछ देना चाहा लेकिन आपने कुछ भी स्वीकार नहीं किया। फिर राजकुमारी ने आपको भोजन कराना चाहा। लेकिन आपने उसे भी स्वीकार नहीं किया। इस तरह आप ने महान त्याग किया क्योंकि आवश्यकता होने पर भी, अभाव और भूख के उपरांत भी आपने भगवान पर

चढ़ाए गए फूलों का प्रतिदान नहीं लिया। इस जन्म में जो आपको यह राज्य और वैभव मिला है, वह उसी त्याग का परिणाम है।

राजा को अगले जन्म के विषय में बताते हुए सनत कुमार ने कहा कि इसी प्रकार का त्याग और व्रत अगले जन्मों में भी मनोकामना पूरी करने का उत्तम साधन बन सकता है। यह सुनकर राजा हरिश्चन्द्र ने सूत से कहा कि वे उन्हें विस्तार से जन्माष्टमी का व्रत और विधान बताने की कृपा करें।

सनत कुमार ने कहा कि ब्रह्मा ने जिस प्रकार जन्माष्टमी के व्रत का विधान बताया है, मैं आपको उसी रूप में बता देता हूं।

मनुष्य को चाहिए कि वह भाद्रपद के कृष्ण पक्ष की अष्टमी वाले दिन काले तिलों सहित जल से स्नान करे और एक घड़े में पांच रत्न डाले। फिर उस घड़े को दूध आदि से साफ करके चन्दन लगाए फिर अंगूठे के स्थान जैसा चन्द्रमा और रोहिणी बनाए और उसके बाद भगवान की पूजा करे। भगवान को सफेद वस्त्रों में सुशोभित करे और दीपक जलाकर धूप से सुगन्धि फैलाए। फिर अपने व्रत का समापन करे। इस प्रकार सुनकर सनत कुमार ने कहा कि अज्ञानपूर्वक पहले जन्म में किए गए व्रत से आप इस जन्म में जब राजा बन गए हैं तो ज्ञानपूर्वक व्रत करने से भक्ति और मुक्ति दोनों प्राप्त हो जायेंगी।

श्रीकृष्ण जन्म की महिमा सुनने के बाद इसी तरह पार्वती ने शंकर से पूछा था कि जिस तरह भाद्रपक्ष में विष्णु की श्रीकृष्ण के रूप में पूजा की जाती है उसी तरह कार्तिक के महीने में भी पूजा की जाती है। हे भगवन्! आप मुझे यह बताइए कि इस महीने में कौन-सा महत्त्वपूर्ण उत्सव होता है? यह सुनकर शिव बोले कि हे प्रिये! भगवान विष्णु को तुलसी और आंवला बहुत प्रिय हैं इसलिए तुलसी की जड़ में भी कार्तिक महीने की पूजा का विधान कहा गया है। तुलसी का पौधा लगाना, उसको सींचना बहुत महत्त्वपूर्ण व्रत कहा गया है। अकेले तुलसी के पत्ते में पुष्कर तीर्थ और गंगा जैसी नदियों का पुण्य विद्यमान है। कार्तिक के महीने में सारे देवता और मुनि तुलसी जी में ही निवास करते हैं।

इस विषय में एक प्राचीन कथानक सुनाते हुए भगवान शिव ने कहा कि प्राचीन समय में सह्याद्रि प्रदेश में करवीरपुर नाम का एक स्थान था और वहां पर धर्मदत्त नाम का एक बहुत आचारवान ब्राह्मण भक्त रहता था। वह हमेशा 'ओम नमोः भगवते वासुदेवाय' नाम के बारह अक्षर के मंत्र का जाप करता था। एक दिन कार्तिक के महीने में रात भर जागने के बाद वह अन्तिम प्रहर में पूजा की सामग्री लेकर मन्दिर में जाने लगा। रास्ते में उसे एक भयानक आकृति मिली। उसकी लाल-लाल आंखें,

सूखे हुए होंठ, सूखा हुआ मांस और आगे को निकले हुए दांत थे। उसे देखकर वह ब्राह्मण कांपने लगा। उसने अनजाने में ही तुलसी दल से युक्त पानी के लोटे से पानी लेकर भगवान विष्णु का नाम लेकर–राक्षस पर फेंक दिया। उस राक्षस का जैसे पाप नष्ट हो गया और प्रणाम करके वह स्त्री के रूप में बोली कि हे ब्राह्मण! आपके इस जल के स्पर्श से मुझमे सच्चे भाव जग रहे हैं। पूर्व जन्म के कारण मेरा यह रूप बना था। लेकिन अब आप मुझे उत्तम गति प्राप्त करने का उपाय बताइए। अपना परिचय देते हुए वह बोली – हे ब्राह्मण! मैं पहले जन्म में एक भिखारी ब्राह्मण की कठोर स्वभाव वाली पत्नी थी। मैं अपने पति का कभी सम्मान नहीं करती थी। न मैं कभी उसे सुख देने की कोशिश करती थी बल्कि हमेशा उससे लड़ा करती थी। जब मेरे पति ने मुझसे तंग आकर किसी सुशील स्त्री से विवाह करने का विचार किया तो मैंने उसे फंसाने के लिए विष खा लिया और प्राण त्याग दिया था। जब यमराज ने मेरा सारा प्रतिवेदन देखा तो उसे लगा कि मैंने कोई भी शुभ कर्म नहीं किया है इसलिए उन्होंने मुझे राक्षस योनि में डाल दिया। उसी कारण मैं अब तक राक्षसी बनकर यह दण्ड भोग रही थी।

इस तरह इस बात को सुनकर धर्मदत्त के मन में दया आ गई और वह सोचने लगा कि व्रत, पूजा और दान से मनुष्य का उद्धार होता है, लेकिन यह तो राक्षसी है इसलिए यह व्रत नहीं कर सकती। इसका इस प्रेत योनि से उद्धार होना चाहिए। तब धर्मदत्त ने विचार किया कि मैंने आजीवन जिस कार्तिक व्रत की साधना की है, उसके पुण्य का आधा भाग मैं इस राक्षसी के उद्धार के लिए देता हूं। यह कहकर उसने जल के छींटे उस राक्षसी पर डाल दिये और 'ओम नमो भगवते वासुदेवाय' का उच्चारण किया। उसके इस कर्म से राक्षसी वह शरीर छोड़कर दिव्य शरीर वाली स्त्री बन गई। उसने ब्राह्मण को प्रणाम किया और उसका आभार मानती हुई ब्रह्म लोक में चली गई। इस तरह यह निश्चित है कि कार्तिक मास में भगवान श्री हरि के पूजन से पाप नष्ट हो जाते हैं और जीव को परम फल मिलता है। क्योंकि तुलसी का महत्त्व भगवान विष्णु के नाम से जुड़ा हुआ है। इस मास की विशिष्ट पर्व दीपावली है। इस पर्व में मनुष्य को चाहिए कि वह त्रयोदशी के दिन अग्नि में आहुति डालकर यमराज के नाम से घर के बाहर एक दीपक जलाए और फिर दूसरे दिन मृत्यु का विनाश हो – ऐसा चिन्तन करते हुए ब्रह्ममुहूर्त में स्नान करें तथा फिर धर्मराज, मृत्यु, विवस्वान, अन्तक, परमेष्ठी आदि यमराज के विभिन्न नामों को लगाते हुए 'नमः' लगाकर तर्पण करें। इस दिन ब्रह्मा, विष्णु और महेश के मन्दिरों में नदी के किनारे कुओं के किनारे दीप जलाए। अमावस्या के दिन स्नान करके पितरों का पूजन करें,

ब्राह्मणों को भोजन कराए और लक्ष्मी का पूजन करें। पूजन करते हुए कहे कि हे भगवती लक्ष्मी! मुझे मानसिक सन्तुष्टि प्राप्त हो और मेरे चारों तरफ, आगे-पीछे सम्पत्ति हो। मेरा हृदय हमेशा सम्पत्ति के बीच में रहे! मेरी कामना पूरी हो, आप ऐसा मुझे वर दें।

इस तरह पूजन करके अपने मित्र-मंडली में मिठाई का आदान-प्रदान करें और फिर सबके साथ बैठकर खायें।

दीपावली के बाद वाले दिन विशेष रूप से बलि-पूजा करें। पांच प्रकार के रंगों से मधु तथा जम्भ दानवों के साथ बलि दानव का चित्र बनाए और फिर गन्ध, पुष्प, धूप से उसकी पूजा करें। यह पूजा करने से मनुष्य को वर्ष-भर सुख प्राप्त होता है।

फिर इसके बाद शुक्ल पक्ष की दूसरी तिथि में स्नान करके यमराज को अर्चना करे। अपनी बहिन के यहां जाए तथा भोजन भी वहीं करें, किन्तु उसे दान-दक्षिणा से संतुष्ट करे। स्वयं यमराज ने सम्पूर्ण संतुष्टि का वरदान अपनी बहन यमुना को दिया था।

इस तरह सूत ने भगवान शंकर के द्वारा बताई गई सभी छोटी-बड़ी कथाओं को ऋषियों को सुनाया और फिर संकेत में कहा कि भगवान विष्णु के पूजन से बढ़कर और कोई पूजा नहीं है। मनुष्य को चाहिए कि वह दान, पूजा, व्रत सब कुछ करता रहे और विष्णु की पूजा करता रहे तो भगवान शंकर उसे दर्शन देकर पुण्य का भागी बनाते हैं।

□□□

पाताल खण्ड

पुलस्त्य से, सूत ने जो ऋषियों से कहा या उसके पूर्व भगवान शंकर ने जिन कथाओं को पार्वती को बताया, उन्हें सुनकर भीष्म आनन्दमग्न हो गए। उन्होंने कहा कि हे ऋषि! अब आप मुझे भगवान राम के पवित्र चरित्र को सुनाने की कृपा करें।

यह सुनकर सूत ने जो ऋषियों को सुनाया था, वही पुलस्त्य ने भी सबको सुनाया। उन्होंने कहा कि देवों तथा दानवों को दुःख देने वाले रावण का लोक-कल्याण के लिए भगवान राम ने वध किया और वह वध के बाद पुष्पक विमान पर चढ़कर लक्ष्मण और सीता के सहित अयोध्या लौट आए। अयोध्या लौटने से पहले उन्होंने लंका का राज्य विभीषण को दे दिया। लौटते हुए मार्ग में राम ने सीता को वे सारे पवित्र स्थल और तालाब आदि दिखाए जहां उन्होंने सीता के वियोग में निवास किया था और वे रुके थे। भगवान ने अयोध्या पहुंचने पर अपने स्वागत के बाद वशिष्ठ मुनि से परामर्श करके सिंहासन प्राप्त किया और भरत ने भी बहुत प्रसन्नतापूर्वक भगवान राम को सिंहासन का अधिकार दे दिया।

एक दिन एक ब्राह्मण अपने पुत्र का शव लेकर राम की सभा में आया और कहा कि यह राजा का दोष है कि उसे जीते-जी उसके बेटे की मृत्यु हो गई। उसने कहा कि राजा, मेरे बेटे को जीवित करो। भगवान राम ने इस घटना के कारणस्वरूप भगवान वशिष्ठ से बातचीत की। राम वशिष्ठ से बात कर ही रहे थे कि वहां नारद आ गए। उन्होंने व्यवस्था के अतिक्रमण को और वर्ण-संकरता को रोकने के लिए परामर्श दिया। उन्होंने कहा कि यदि प्रारम्भ में इस प्रकार की कुचेष्टाएं नहीं रोकी गईं तो बहुत बुरा होगा। यह ब्राह्मण-पुत्र की मृत्यु एक उदाहरण है। ऐसे कितने ही अन्याय हो सकते हैं। इसलिए नारद ने भगवान राम को चेतावनी दी और राम ने इसका कारण कहीं दूर एक शूद्र के व्रत में निश्चित किया फिर उन्होंने विचार किया कि शम्बूक का पता लगाया जाए और तप करने से रोका जाए, क्योंकि तप करने का विधान ब्राह्मण के अतिरिक्त क्षत्रिय या वैश्य को है। शूद्र को तप करने का अधिकार

नहीं है। इसलिए उन्होंने निश्चय किया और वन में जाकर स्वयं इस विषय में जानने की इच्छा प्रकट की।

श्रीराम ने रथारूढ़ होकर वन को प्रस्थान किया। शम्बूक का पता लगाकर श्रीराम ने उसे तप करने से रोका, परन्तु जब वह अपने निर्धारित धर्म के पालन को उद्यत न हुआ तो धर्मरक्षक भगवान ने खड्ग से उसका शिरच्छेद कर दिया। शम्बूक के दण्डित होते ही ब्राह्मण-पुत्र पुनः जीवित हो गया और देवताओं ने पुष्पवृष्टि द्वारा श्रीराम का अभिनन्दन किया।

एक दिन श्रीराम अपने मन में सोचने लगे कि रावण-कुम्भकर्ण आदि ब्राह्मणों का वध करने के कारण वे कहीं ब्रह्म-हत्या के भागी तो नहीं बने? इसी मनस्ताप एवं दुश्चिन्ता का निवारण करने के लिए श्रीराम अगस्त्य मुनि के पास उनके आश्रम को चल दिए।

श्रीराम अगस्त्य ने अपने आश्रम में पहुंचने पर स्वागत किया और मंगलकामना करते हुए कुशल वृत्त पूछा। इधर श्रीराम ने भी अगस्त्य को दण्डवत् प्रणाम करके उनका कुशलक्षेम पूछा। अगस्त्य ने उस समय एक सुन्दर आभरण श्रीराम को उपहार रूप में दिया। श्रीराम ने जब दान लेना क्षत्रियों के लिए धर्म-विरुद्ध बताया तो अगस्त्य ने उपहार लेने में दोष न होने की बात कहकर राम को वह आभूषण लेने को विवश कर दिया। श्रीराम ने आभूषण की दिव्यता पर मुग्ध होकर उसकी प्राप्ति के सम्बन्ध में जिज्ञासा प्रकट की तो अगस्त्य ने बताया कि एक समय जब मैं एक घने वन में तपस्या कर रहा था तो एक दिन एक सुन्दर सरोवर के किनारे मैंने रात्रिवास किया। प्रभात के समय सन्ध्यादि से निवृत्त होने पर मैंने देखा कि आकाश से उतरे विमान से अनेक अप्सराओं और गन्धर्वों से घिरा एक दिव्य पुरुष निकला। वह सरोवर में स्नान करके वहां पड़े शव को खाने लगा। उस दिव्य पुरुष का इतना सुन्दर रूप और ऐसा निकृष्ट भोजन देखकर मैं अपने आश्चर्य को न रोक सका। मैंने अपनी जिज्ञासा प्रकट करते हुए उससे इस सम्बन्ध में पूछा तो उसने बताया कि पूर्वजन्म में वासुदेव नामक एक वैदर्भक राजा था। उसकी दो पत्नियों से दो पुत्र उत्पन्न हुए। बड़े का नाम श्वेत और छोटे का नाम सुरथ था। पिता के पश्चात् श्वेत ने राज्य संभाला, परन्तु विरक्त होने के कारण वह सुरथ को राज्य देकर वन में तप के लिए चला आया। कई हजार वर्षों तक तप करने के उपरान्त उसे ब्रह्मलोक की प्राप्ति तो हुई, परन्तु क्षुधा और तृषा से उसे मुक्ति नहीं मिली। श्वेत ने ब्रह्माजी से जब इसका कारण पूछा तो उन्होंने योगसमाधि द्वारा सब कुछ जानकर उसे बताया कि तप से तो उसे क्षुधा-तृषा निवृत्ति के साधन मिलने का कोई विधान नहीं है। अब तो वह अपने ही शरीर को खाकर अपनी भूख-प्यास मिटा सकता है, इसके अतिरिक्त अन्य कोई उपाय

नहीं। ब्रह्मा ने एक ओर तो उसे उसके तप के फलस्वरूप दिव्य ब्रह्मलोक में वास दिया और दूसरी ओर उसके शव-देह को अक्षय कर दिया। ब्रह्मा ने कहा कि शत वर्ष पर्यन्त उसका यह शव-देह नित्य-प्रति पुष्ट हो जाया करेगा और वह इसका भक्षण कर क्षुधा से निवृत्ति प्राप्त किया करेगा। शत वर्षों के उपरान्त महर्षि अगस्त्य जब इस वन में तपस्या करने आएंगे तो उनके दर्शनों से उसका यह कुत्सित आहार छूट जाएगा। यह विवरण सुनाकर उस दिव्य पुरुष ने कहा कि मैं ही वह श्वेत हूं। उसी विधान से मैं प्रतिदिन अपने शव से अपनी क्षुधा मिटाता हूं और उस दिन की उत्सुकता से प्रतीक्षा कर रहा हूं, जब महर्षि अगस्त्य के पुण्य-दर्शनों से मेरी मुक्ति होगी।

अगस्त्य बोले-"दिव्य पुरुष श्वेत की करुण कथा सुनकर मैंने उसे अपना परिचय दिया और उसका उस कुत्सित आहार से उद्धार किया। उस दिव्य पुरुष श्वेत ने कृतज्ञता ज्ञापन करते हुए मुझे यह अनुपम आभूषण उपहार में दिया। मेरे दर्शनों और आशीर्वाद से स्वर्गीय राजा की मनुष्य देह नष्ट हो गई और वह देवयोनि प्राप्त कर स्वर्ग में चला गया।"

अगस्त्य ने राम को वह आभूषण उपहार में दिया और इसके उपरान्त उन्हें दण्डकारण्य की उत्पत्ति का विवरण सुनाकर चरित्र की उच्चता की शिक्षा देते हुए बताया-मनु के पुत्र इक्ष्वाकु के कई पुत्रों में एक दण्ड नामक पुत्र था। इक्ष्वाकु ने उसे विन्ध्य और नील पर्वत के मध्यवर्ती प्रदेश का अधिपति बना दिया। दण्ड मधुमत्पुरी बनाकर शान्तिपूर्वक राज्य-संचालन करने लगा। एक दिन वह महर्षि शुक्र के आश्रम में गया और वहां उनकी अनिन्द्य सुन्दरी अरजा नाम वाली पुत्री को एकान्त में पाकर उस पर आसक्त हो गया। दण्ड अरजा से प्रणय-याचना करने लगा। अरजा ने बिना पिता की अनुमति के किसी से भी सम्भोग करना अनुचित मानते हुए उससे इस सम्बन्ध में शुक्राचार्य से सम्पर्क करने का अनुरोध किया। कामान्ध दण्ड ने अरजा के निवेदन की उपेक्षा करके उसके साथ सम्भोग किया और सम्भोग के उपरान्त उसे वहीं छोड़कर स्वयं अपनी राजधानी को लौट आया। पिता के लौटने पर अरजा ने रो-रोकर अपनी करुण-कथा सुनाई तो शुक्राचार्य ने दण्ड के राज्य को राजा तथा जनपद सहित नष्ट होने का शाप दे दिया। मुनि के शाप से अद्यावधि दण्डकारण्य विजन सघन वन बना हुआ है।

श्रीराम ने मुनि अगस्त्य के प्रति साभार-प्रणाम निवेदन किया और नित्य-क्रिया के लिए अनुमति मांगी। नित्य-कर्म सम्पादन से निवृत्त होकर श्रीराम बैठे ही थे कि गीध और उल्लू धरती पर अपने निवास के अधिकार के प्रश्न पर विवाद करते हुए समाधान के लिए श्रीराम की सेवा में उपस्थित हुए। गीध ने अपना पक्ष प्रस्तुत करते

हुए कहा–"जब से पृथ्वी पर शासन-व्यवस्था है, तब से इस पृथ्वी पर उसका ही निवास है।" इधर उल्लू ने बताया–''जब से पृथ्वी पर वृक्षादि वनस्पतियों की उत्पत्ति है, तब से पृथ्वी पर उसका निवास है।'' दोनों अपना पक्ष प्रस्तुत करके अपने लिए निवास और दूसरे के लिए निर्वास की मांग करने लगे। श्रीराम ने अपने वृद्ध मन्त्रियों से पूछा तो उन्होंने सृष्टि-वर्णन का क्रम बताते हुए उल्लू का ही पृथ्वी पर निवास घोषित किया। मंत्रियों ने गीध को मिथ्या भाषण के लिए दण्डनीय ठहराया।"

श्रीराम मंत्रियों के विवेकपूर्ण परामर्श पर जब उल्लू के पक्ष में निर्णय करने जा रहे थे कि उन्हें आकाशवाणी सुनाई दी, जिसमें कहा गया था कि श्रीराम पूर्वकाल में तपोबल से दग्ध इस गीध को दण्डित न करें। यह तो मूलतः गौतम द्वारा जलाया गया ब्रह्मदत्त नामक राजा है। अतिथि रूप में पधारे मुनि को गौतम, अपने से पूर्व प्रथम भोजन न कराने के अपराध में उनसे शापित होकर गीध बना है। अपने अपराध के लिए क्षमा-याचना करने पर दयालु मुनि ने रामावतार में इसका उद्धार होने के लिए कह रखा है। यह सुनकर श्रीराम ने ज्यों ही गीध के सिर पर अपना वरद-हस्त रखा, त्यों ही वह गीध योनि से मुक्त होकर स्वर्गलोक में चला गया। इधर श्रीराम ने उल्लू को पृथ्वी पर निवास का अधिकारी स्वीकार किया।

श्रीराम ने एक दिन मुनिप्रवर अगस्त्य के समक्ष रावण-सहित अनेकानेक ब्राह्मणों का वध करने के लिए अपने को अपराधी मानते हुए रुदन करना प्रारम्भ कर दिया। ऋषि ने श्रीराम से सम्बोधित होकर कहा-"आप तो परम पुराण पुरुष, समस्त विश्व के कर्त्ता, रक्षक, पोषक तथा संहर्त्ता, निर्गुण स्वरूप, स्वेच्छाचारित, परात्पर साक्षात् ब्रह्म हैं। आपने पृथ्वी का भार हरण करने के लिए दुष्टों का दलन किया है। यदि ब्राह्मण आचारहीन और पतित हो जाए तो उसका वध करने से ब्रह्म-हत्या का दोष नहीं लगता। अगस्त्य ने यह भी बताया कि लंकापति रावण मूलतः बैकुण्ठ में आपका ही पार्षद था। सनकादिक महर्षियों के शाप से वह दैत्यत्व को प्राप्त हो गया था। आपने तो उसका वध करके उसे शाप से मुक्त कर उस पर अनुग्रह किया है। अतः इन बातों के लिए आपको चिन्ता नहीं करनी चाहिए।"

श्रीराम ने कहा-"मुनी! इस संसार में अज्ञात रूप से किया जाने वाला पातक भूल-चूक का रूप होने के कारण क्षंतव्य होता है, परंतु ज्ञात रूप से कृत पातक तो कभी क्षंतव्य नहीं होता। मैंने ब्राह्मण-वध को पापमय और रावणादि राक्षसों के ब्राह्मणत्व को जानते हुए भी उनका वध किया है, अतः मेरा पाप घोर और विषम है। मुझे चिंता है कि मुझे इस पाप का कठोर फल भुगतना पड़ेगा। अतः मेरा आपसे निवेदन है कि आप मुझे इस पाप से त्राण पाने के लिए प्रायश्चित बताने की कृपा करें। श्रीराम की इस लौकिक लीला को देखकर अगस्त्य ऋषि ने उन्हें अश्वमेध यज्ञ

करने का परामर्श दिया। उन्होंने बताया कि श्रीराम के पूर्वज दिलीप ने अश्वमेध यज्ञ से सिद्धि प्राप्त की थी। इंद्र शतकेतु (सौ अश्वमेध यज्ञों के करने वाले) होने से इंद्रत्व पाने में सफल हुआ है। मनु, सगर, मरुत और ययाति आदि ने अश्वमेध यज्ञ द्वारा परमपद की प्राप्ति की है। हे राघवेंद्र! आप भी अपने भाई-बंधुओं के सहयोग से इस यज्ञ का सम्पादन कीजिए। इससे आपका मनस्ताप जाता रहेगा और लोक में आपकी कीर्ति विश्रुत होगी।

अगस्त्य मुनि ने एक दिन राम के हठ करने पर अश्रुपूर्ण नेत्रों से उन्हें विदाई दी। अयोध्या आकर राम ने भरत और लक्ष्मण को बुलाकर उनके समक्ष अश्वमेध यज्ञ करने का प्रस्ताव रखा तो भरत ने करबद्ध होकर निवेदन किया कि सभी राजा तो पहले से ही आपके वश में हैं, अतः इस समय अश्वमेध यज्ञ से भी बढ़कर बड़ी आवश्यकता धर्मराज्य के प्रवर्तन की है। श्रीराम को भरत का प्रस्ताव पसंद आ गया और उन्होंने कान्यकुब्ज में भगवान वामन की स्थापना की घोषणा करते हुए धर्मपूर्वक राज्य-संचालन का उपक्रम किया।"

इसके बाद सूत ने बताया कि किस प्रकार भगवान राम ने कान्यकुब्ज में वामन की मूर्ति की स्थापना की। एक दिन राम के मन में यह विचार उठा कि मैंने रावण का वध करके राज्य विभीषण को दे तो दिया, लेकिन यह नहीं देखा कि वह धर्मपूर्वक राज्य कर रहा है या नहीं। उनके यह सोचते ही भरत वहां पर आए और उन्होंने भगवान राम के विचार जानकर उनका समर्थन किया और तब भगवान राम लक्ष्मण को राज्य का भार सौंपकर भरत के साथ लंका में आए।

रास्ते में सुग्रीव से मिलना भी भगवान राम ने आवश्यक समझा। भगवान राम ने विमान से भरत को सीता हरण और जटायु के मरण-स्थल दिखाए और बात करते-करते किष्किन्धा तक आ गए। यहां पर सुग्रीव, अंगद, जामवंत आदि ऋषि-महर्षियों ने उनका स्वागत किया। जब भगवान राम ने वहां पर आने का अपना मंतव्य बताया तो सुग्रीव भी उनके साथ लंका चल पड़े। उधर जब विभीषण को भगवान राम के लंका आने का समाचार मिला तो वह बहुत प्रसन्न हुआ और सारी नगरी को सजाकर उसने भगवान राम का स्वागत किया। उसने पूरे नगर के प्रतिष्ठित पुरुष बुलाए और उन सब लोगों ने बहुमूल्य उपहार भगवान राम को अर्पित किए। इसके साथ ही विभीषण की माता केकसी ने भी भगवान राम से मिलने की इच्छा प्रकट की तो उनका सम्मान करते हुए भगवान राम अपने आप उनकी सेवा में उपस्थित हुए और कहा कि वे तो उन्हें कौशल्या माता के समान ही समझते हैं और उसी तरह मान देते हैं। कुछ समय के बाद विभीषण की पत्नी शरमा ने आकर भगवान राम को प्रणाम किया और सीता का कुशल समाचार पूछा। वहां पर तीन दिन रहकर जब राम चलने

लगे तो वायु ने आकर उनसे प्रार्थना की कि वहां पड़ी हुई वामन की मूर्ति को कान्यकुब्ज में स्थापित करें। यह सुनकर विभीषण ने अलंकारों से भरे हुए उस दिव्य मूर्ति को भगवान राम के साथ ही पुष्पक विमान में रख दिया और उसकी स्थापना की प्रार्थना की। चलते समय विभीषण ने राम से कहा कि, मैं तो आपके कथनानुसार ही राज्य-संचालन करते हुए, अपने जीवन की सार्थकता समझता हूं और जैसा आप कहकर गए, वैसा ही कर रहा हूं, किंतु समुद्र में उनके द्वारा बांधे गए पुल पर से कुछ दुष्ट लोग आते हैं और राज्य में बाधा डालते हैं। राम ने विभीषण की यह बात सुनी तो उस समुद्र पर बने पुल के टुकड़े-टुकड़े कर दिए, फिर उसके बाद वे विमान के मार्ग से पुष्कर होते हुए मथुरा में आए। वहां पर शत्रुघ्न पहले से ही थे। उन्होंने भगवान राम का स्वागत किया और आदरपूर्वक ठहराया। दो-चार दिन वहां रहकर भगवान राम कान्यकुब्ज आ गए और गंगा के किनारे भगवान वामन की प्रतिमा प्रतिष्ठित की और जितना भी धन लंका से लाए थे, वह सब ब्राह्मणों में बांट दिए। वहीं से भगवान राम ने सुग्रीव आदि मित्रों को विदा किया और अपनी राजधानी अयोध्या में लौट आए।

इस यात्रा से वापस आने पर भगवान राम ने लक्ष्मण, भरत और शत्रुघ्न को बुलाया और अश्वमेध यज्ञ करने का विचार उनके सामने रखा। यज्ञ के घोड़े की रक्षा का भार शत्रुघ्न पर छोड़ा गया। उसे प्रधान सेनापति बनाया गया। उसके सेनापतित्व में भरत के बेटे पुष्कल को सेनापति बनाया गया। उसके साथ लक्ष्मी निधि नीलरत्न, रितुताप और गणनायक हनुमान को विभिन्न गणों का नायक बनाकर हनुमान के साथ सुग्रीव, जामवंत आदि को सहायक बनाकर घोड़ा छोड़ दिया और उसके स्वर्ण पत्र पर यह लिख दिया कि जहां-जहां यह घोड़ा जाएगा, वहां तक के राज्य भगवान राम के करदाता होंगे।

अश्वमेध यज्ञ के घोड़े के साथ यह स्वाभाविक है कि जो भी उसे रोकता है, उसके साथ घोड़े के पीछे चलने वाली सेना को युद्ध करना होगा। फिर जीत करके ही आगे जाना होगा। घोड़े के चलने के उपरांत भगवान राम की सेना उसके पीछे-पीछे कुछ दूर गई तो विद्युन्माली नाम के राक्षस ने राम के विरुद्ध अपनी माया का प्रसार किया। चारों तरफ अंधेरा छा गया और आकाश से खून तथा हड्डियों की वर्षा होने लगी। राम की सेना के सभी लोग अचानक आई हुई इस आपत्ति से हतप्रभ रह गए और इधर-उधर बिखर गए। उन्हें बिखराकर विन्द्युमाली ने घोड़े को हर लिया और जब आसुरी माया समाप्त हो गई तब सेना को बड़ी चिंता हुई कि उनका घोड़ा कहां चला गया। प्रधान सेनापति शत्रुघ्न स्वयं घोड़े की खोज में निकल पड़े,

किंतु उनको पता चला कि विद्युन्माली ने ही यह कुकर्म किया है और वह घोड़े को कहीं छिपाने की योजना बना रहा है। सेनापति शत्रुघ्न ने अपने सहायकों और अध्यक्षों को बुलाया और व्यूह की रचना करके विद्युन्माली पर आक्रमण किया। राक्षस ने फिर से अपनी आसुरी माया का विस्तार किया, किंतु युद्ध के लिए तैयार राम की सेना ने उस माया को छिन्न-भिन्न कर दिया। भयंकर युद्ध के बाद शत्रुघ्न ने उस दुष्ट के मस्तक को काट डाला और यह देखते ही उसकी सारी सेना भाग खड़ी हुई।

राक्षस के वध के बाद राम की सेना चलकर एक अत्यंत समृद्ध नगर देवपुर में आई। देवपुर का राजा वीरमणि बहुत धर्मात्मा और वैभववान था। इसका पुत्र अंगद वन में अत्यंत सुंदर प्रमदाओं के साथ विहार कर रहा था। जब उन स्त्रियों ने उस सुंदर घोड़े को देखा तो अंगद से उसे पकड़ने को कहा। अंगद ने अपनी प्रेमिकाओं के अनुरोध से घोड़े को पकड़ लिया। घोड़े को पकड़ते ही उसने उसके गले में लटके हुए उस स्वर्ण लेख को पढ़ा और सोचने लगा कि देवताओं और दानवों के द्वारा सम्मानित, भगवान रुद्र के द्वारा सुरक्षित मेरे पिता के समान कौन हो सकता है! उसने घोड़े को अपनी घुड़साल में लाकर बांध दिया तथा यह सारा वृत्तांत अपने पिता को सुनाया। पिता ने इस बात का समर्थन नहीं किया। जब शिवजी से इस विषय में पूछा गया तो उन्होंने कहा कि इस विषय में मेरी सहायता के होने पर भी विजय संभव नहीं है, इस पर वीरमणि ने कहा कि क्षत्रिय एक बार जो पैर आगे बढ़ाता है, उसे पीछे नहीं करता। अतः लड़कर मरना और पैर हटाकर युद्ध से अलग होना एक समान है। यह सुनकर शिव बोले कि ठीक है, मैं तुम्हारी सहायता करूंगा। मेरे होते हुए कोई भी व्यक्ति तुम्हारे से यह घोड़ा नहीं ले जा पाएगा। किंतु यदि भगवान राम स्वयं आएंगे तो मैं उन्हें नहीं रोक पाऊंगा और प्रणाम करके घोड़ा उन्हें दे दूंगा। उनके चरणों में प्रणाम करके अपने आपको धन्य समझूंगा।

हनुमान ने कहा-"मैंने अनेक ऋषियों के मुंह से सुना था कि शंकर भगवान राम के परम तथा अनन्य भक्त हैं, परंतु पुष्कल और शत्रुघ्न का वध करके तुमने राम के विरुद्ध शत्रु का-सा आचरण किया है। अतः अब मैं तुम्हारा वध करूंगा।" शिव ने कहा-हनुमान! तुम सत्य कहते हो, मैं सचमुच ही रामभक्त हूं, परंतु पुष्कल ने मेरे भक्तों का विनाश किया है और उनकी रक्षा के लिए मुझे युद्ध-भूमि में आना पड़ा है।" हनुमान ने यह सुनकर शिव पर घातक प्रहार किया। इधर शिव ने अपने त्रिशूल से हनुमान पर वार किया। हनुमान ने त्रिशूल के खंड-खंड कर दिए। इस पर कुपित शिव ने अपनी भीषण शक्ति हनुमान पर फेंकी, जिससे हनुमान व्यथित हो उठे, परंतु शीघ्र ही संभलकर शिव के वक्ष में मुष्टि-प्रहार करने लगे। शिव ने हनुमान

को लक्ष्य करके मूसल फेंका, परंतु लक्ष्य चूक जाने से वह रसातल में प्रविष्ट हो गया। श्रीराम के सेवक हनुमान ने पर्वत-खंडों, शिलाओं और वृक्षों से शिव पर आक्रमण किया। इससे शिव विह्वल हो उठे और श्रीराम के लिए अपना जीवन समर्पित करने के लिए हनुमान की प्रशंसा करने लगे। हनुमान ने शंकर की स्तुति करते हुए उनसे प्रार्थना की कि वे रण में हताहत पुष्कल, शत्रुघ्न तथा अन्य वीरों को जीवित करने के लिए, जब तक मैं द्रोण पर्वत से संजीवनी औषधि लाता हूं, तब तक आप इनकी गीध, श्रृंगालादि से रक्षा करें। शिव की स्वीकृति को सुनकर हनुमान द्रोण पर्वत से औषधि लेने को चल दिए।

हनुमान द्रोण पर्वत पर जाकर उस पर्वत का ही समूलोन्मूलन करने लगा तो वहां के निवासी देवों ने बाधा खड़ी की। इस पर हनुमान ने देवों की भारी ताड़ना की। देवों ने सुरेश को सूचना दी तो इंद्र ने श्रीराम के कार्य के लिए आए श्रीराम के सेवक हनुमान का वृत्त जानकर देवों को उनसे क्षमा-याचना के लिए प्रेरित किया। बृहस्पति को आगे कर देवों ने हनुमान से अज्ञान में किए अपने अपराध को क्षमा करने की प्रार्थना की और उन्हें औषधि निकालकर दे दी।

औषधि लेकर हनुमान देवपुर में लौटा और उसने उस औषधि से सर्वप्रथम पुष्कल को और पुनः शत्रुघ्न को जीवित किया। पुष्कल और शत्रुघ्न ने सचेत होते ही वीरभद्र और शिव से युद्ध करने की ठानी और दोनों पक्षों में पुनः प्रबल युद्ध छिड़ गया। दोनों ओर से वरुणास्त्र, ब्रह्मास्त्र तथा अग्निअस्त्र छूटने लगे। अंत में शिव के भीषण प्रहारों से आकुल होकर शत्रुघ्न ने आर्तवाणी से श्रीराम का स्मरण किया तो उसने आश्चर्यचकित होकर श्रीराम को अपने समक्ष उपस्थित देखा।

भगवान राम को अचानक अपने सामने देखकर सभी वीरों ने उन्हें प्रणाम किया और शंकर ने भी प्रणाम करके भगवान राम की स्तुति की और उनसे कहा कि हे प्रभु! आप मेरे हृदय में निवास करते हैं। वे लोग मूर्ख हैं जो मुझमें और आप में भेद समझते हैं। ऐसे मूर्ख लोग कुंभीपाक नरक के भागी होते हैं। इसके बाद भगवान राम ने अपने हाथों के स्पर्श से शिव-भक्तों को जीवित कर दिया और फिर वहां से अंतर्निहित हो गए। यह सब कुछ देखकर अंगद ने घोड़े को मुक्त कर दिया। फिर अश्वमेध का यह घोड़ा मुक्त रूप से विचरण करता हुआ वाल्मीकि के आश्रम की सीमा में पहुंच गया। उसके पीछे चलने वाली सेना भी वहां पहुंची। वहां उस आश्रम में सीता का पुत्र लव अपने साथियों सहित घूम रहा था। उसने इतना सुंदर अश्व देखा तो आश्चर्यचकित हुआ और जब उसने घोड़े के गले में लटके हुए पट्टे पर राजकीय उक्ति को देखा, उसके हृदय में अंतर्निहित क्षत्रियत्व जाग गया। उसके साथियों ने राम की सेना से संघर्ष न करने की सलाह दी तो उसने अपने ब्राह्मण पुत्र साथियों को

कहा कि तुम तो भोले ब्राह्मण हो। तुम भला क्षत्रिय के तेज को क्या जानो! यह कहकर उसने यज्ञ के घोड़े को पकड़ लिया और आश्रम में लाकर बांध दिया।

कथा के बीच ऋषियों ने पूछा कि भगवान राम ने अपनी पत्नी गर्भवती सीता को वनवास क्यों दिया? इसका उत्तर देते हुए सूत बोले कि प्रजा-पालन करते समय जनता के मन की वास्तविक स्थिति जानने के लिए भगवान राम ने चारों ओर गुप्तचर भेजे। गुप्तचरों ने इस बात की सूचना दी कि चारों ओर भगवान राम का प्रताप है और प्रजा का प्रत्येक व्यक्ति उन्हें प्रेम करता है। राम को गुप्तचरों के कथन में थोड़ा-सा असत्य अनुभव हुआ। उन्होंने कहा कि तुम पूर्ण सत्य बोलो। तब राम के एक गुप्तचर दुर्मुख ने कहा कि एक धोबी एक रात घर से बाहर रहने वाली अपनी पत्नी को इस बात का आरोप लगा रहा था कि वह रात-भर घर से बाहर रही इसलिए स्वीकार करने योग्य नहीं है। उसने कहा कि मैं राम नहीं हूं जो रावण के घर में रही पत्नी को भी अपने घर में रख लूं। मैं तो उस धोबी को मारने वाला था, लेकिन रुक गया।

जब भगवान राम ने अपनी प्रजा का यह विचार जाना तो उन्हें बहुत दुःख हुआ, किंतु उन्होंने अपने आपको संतुलित कर लिया। राम ने भरत, शत्रुघ्न से इस विषय में उचित सलाह देने के लिए भी कहा। यह सुनकर उन्होंने कहा कि भगवती सीता पवित्र और अग्नि से शुद्ध हुई हैं। इनके विषय में किसी भी प्रकार का संदेह नहीं किया जा सकता। आप प्रजा की इस बेकार की बात पर ध्यान न दें, लेकिन भगवान राम ने कहा कि वे प्रजा के मन का भाव रखने के लिए सीता को त्यागने का निश्चय कर चुके हैं। यह जानकर दोनों मूर्च्छित होकर जमीन पर गिर पड़े। दोनों भाइयों के बाद भगवान राम ने लक्ष्मण को बुलाया। उन्हें अपनी सारी मनःस्थिति बताई। लक्ष्मण भी राम के इस विचार को सुनकर बहुत चिंतित हुए और दुःख से कांपने लगे। उन्हें भी यह बात बहुत बुरी लगी, लेकिन राम ने कहा कि यदि तुम मेरी आज्ञा नहीं मानोगे तो मैं अपने प्राण छोड़ दूंगा। लक्ष्मण ने विचार किया कि राम उनके गुरु भी हैं और गुरु की आज्ञा के अनुसार कार्य करना ही होगा। इसलिए उन्होंने गर्भवती सीता को अपने साथ लिया तथा महर्षि वाल्मीकि के आश्रम में उन्हें छोड़ गए।

कुछ समय बाद भगवती सीता के दो पुत्र उत्पन्न हुए। वाल्मीकि ने ही उनका नाम लव और कुश रखा। जब राम के अश्वमेध का घोड़ा आश्रम की सीमा में आया था तो कुश कहीं बाहर गया हुआ था। उसकी अनुपस्थिति में ही लव ने घोड़े को पकड़कर आश्रम में बांध दिया था। सैनिकों ने देखा कि एक बालक ने खेल-खेल में घोड़े को पकड़ लिया है तो उन्होंने इसे गंभीरता से नहीं लिया और उस बालक को समझाने-बुझाने लगे कि वह घोड़े को छोड़ दें, लेकिन जब लव ने उनकी बात

नहीं मानी तो सैनिकों ने युद्ध प्रारंभ कर दिया। लव ने उन सैनिकों के प्रहारों को व्यर्थ करते हुए उन पर आक्रमण किया और उनमें से कई की भुजाएं काट दी। सैनिक भागकर शत्रुघ्न के पास पहुंचे। उन्हें सारा वृत्तांत बताया। शत्रुघ्न की आंखों में भी खून उतर आया था। उन्होंने अपने सेनापति को उस बालक को पकड़ लाने का आदेश दिया। कालजित ने मुख्य सेनापति के आदेश से युद्ध किया, लेकिन लव ने अपनी शक्ति और कुशलता से उसके सैनिकों को यमलोक भेज दिया और कालजित को भी मार दिया।

कुछ बचे हुए सैनिकों ने भागकर अपने प्राण बचाए और जाकर शत्रुघ्न को सारी बात बताई। शत्रुघ्न फिर स्वयं युद्ध करने के लिए आए। उन्होंने हनुमान, सुग्रीव आदि को लेकर नई तरह से व्यूह-रचना की। जब युद्ध प्रारंभ होने को हुआ तो शत्रुघ्न ने लव के माता-पिता। कुल और गोत्र के विषय में जानना चाहा। तब लव ने विनम्रता से उत्तर दिया कि वीरता ही उसका परिचय है। शत्रुघ्न ने कहा कि यदि वह घोड़े को छोड़ दे तो वह उसे क्षमा करने के लिए तैयार हैं। तब लव ने उत्तर दिया कि वह ऐसे घोड़े को नहीं छोड़ेगा, केवल बल के द्वारा ही घोड़े को छुड़ाया जा सकता है। इसके बाद भयानक युद्ध प्रारंभ हो गया। अकेले लव ने इतनी बड़ी सेना के आक्रमण को विफल कर दिया। उसने शत्रुघ्न के मुकुट को भी गिरा दिया। सारथी और रथ को भी क्षत-विक्षत किया। तब गुस्से में आकर उसने लव पर भयानक आक्रमण किया और उसे मूर्च्छित कर दिया। उस मूर्च्छित बालक को अपने रथ पर चढ़ाकर वहां से चल दिए। यह समाचार सीता को मिला तो वह बहुत व्याकुल हुई। इसी बीच महाकाल के दर्शन करने के बाद कुश आश्रम में लौट आया। उसने मां से उनकी व्याकुलता का कारण पूछा और जब उसे पता चला तो उसने प्रतिज्ञा की कि वह बहुत जल्दी ही लव को शत्रुओं से मुक्त कराएगा और अपनी माता के पास वापस ले आएगा। यह कहकर कुश ने राम की सेना पर आक्रमण के लिए अपने को तैयार कर लिया और वहां से युद्ध-क्षेत्र में चल दिया।

कुश ने शीघ्र ही शत्रु-सेना पर आक्रमण कर दिया और राघवी सेना के शिरोमणि वीरों को नाकों चने चबवा दिए। इधर लव ने सचेत होकर अपना पूरा बल लगाया और वह शत्रु के बंधन से मुक्ति पाने में सफल हो गया। युद्ध-क्षेत्र में आकर वह भी अपने अग्रज कुश के साथ जुट गया। दोनों भाइयों ने युद्ध में बड़ी भारी वीरता दिखाई और शत्रुघ्न को मूर्च्छित करके राघवी सेना को पराजित कर दिया। कुश और लव सुग्रीव और हनुमान को पूंछ से पकड़कर उनके साथ खेलते हुए उन्हें घर ले आए। सीता ने बच्चों की शैतानी पर प्रथम तो प्रसन्नता प्रकट की, परंतु सुग्रीव और हनुमान को देखते ही मुंह मोड़ लिया। अपने दोनों बालकों को उनका परिचय देती

हुई सीता ने उन दोनों को छोड़ देने का अपने बालकों को आदेश दिया। अब सीता को यज्ञ के अश्व के स्वामी का पता चल गया तो उसने अपने पिता की सेना से युद्ध करने के लिए बालकों को बुरा-भला कहा। इस पर कुश ने इतिहास से अनेक उदाहरण देकर क्षत्रियों को गुरु, भाई, पिता, पितृव्य तथा मातुल आदि से युद्ध को उचित सिद्ध किया।

आज्ञाकारी कुश और लव ने माता के परितोष के लिए सुग्रीव और हनुमान के साथ-साथ यज्ञ का अश्व भी छोड़ दिया। सीता ने अपने पतिव्रत्य के बल से अपने स्वामी के मृत सैनिकों को जीवित कर दिया।

शत्रुघ्न ने सचेत होकर सुमति, पुष्कल तथा सुरथ आदि सेनाध्यक्षों से विचार-विमर्श किया और शंख-भेदीनाद करते हुए अयोध्या की ओर प्रस्थान किया। अयोध्या पहुंचने पर उनका सोल्लास स्वागत हुआ। राम ने जब सारा यात्रा-वृत्त सुनाने को कहा तो सुमति ने विद्युन्माली दैत्य के मारे जाने और वाल्मीकि आश्रम में सोलह वर्ष के एकाकी बालक द्वारा कालजित जैसे सेनाध्यक्ष का वध करने तथा उसी आयु के एक अन्य बालक द्वारा शत्रुघ्न को मूर्च्छित करने का समाचार कह सुनाया। इसके साथ ही सुमति ने यह भी बताया कि उनका रूपाकार रघुवंशियों जैसा ही है।

यह सारा समाचार सुनकर एक दिन श्रीराम स्वयं वाल्मीकि के आश्रम गए और उन्होंने मुनि को प्रणाम करके बालकों के संबंध में जानकारी मांगी। इस पर महर्षि वाल्मीकि ने सीता की पतिव्रता की साक्ष्य देते हुए निर्वासन के समय उसके गर्भवती होने और यथासमय इसी आश्रम में दो पुत्रों को जन्म देने का वृत्त कह सुनाया। श्रीराम ने अयोध्या लौटकर लक्ष्मण को जनक-नन्दिनी सीता को वाल्मीकि के आश्रम से लौटा लाने का आदेश दिया। लक्ष्मण ने श्रीराम से निवेदन किया कि मैं ही उन्हें छोड़ने गया था, अतः मुझ अपराधी के साथ जानकी कदाचित न आना चाहेंगी, आप किसी अन्य को भेजने की कृपा करें। श्रीराम ने लक्ष्मण को ही जाने का आदेश दिया।

लक्ष्मण भगवान राम की आज्ञा पाकर वाल्मीकि के आश्रम में आए। उन्होंने सीता को प्रणाम करते हुए भगवान राम का संदेश दिया और कहा कि आप अयोध्या चलने के लिए तैयार हो जाएं, किंतु सीता ने इस बात पर तो संतोष व्यक्त किया कि भगवान राम ने यश के लिए उन्हें छोड़ा, लेकिन दृढ़तापूर्वक कहा कि वे उनकी कीर्ति में अपकीर्ति बनकर नहीं जाना चाहेंगी। सीता ने लव-कुश को कहा कि वे अपने पिता के पास जा सकते हैं, लेकिन दोनों पुत्रों ने मना कर दिया। यह सब सुनकर लक्ष्मण निराश हुए और अयोध्या वापस लौट आए। इसके बाद लक्ष्मण को फिर वन में भेजा गया, वहां पर जाकर लक्ष्मण ने सीता को विस्तार से भगवान राम के दुःख और

पश्चाचाप के विषय में बताया और कहा कि आप चलें और अश्वमेध यज्ञ करने के लिए स्वर्ण की सीता के स्थान पर आप स्वयं आ जाएं। इतनी बात सुनकर सीता ने लक्ष्मण के निवेदन को स्वीकार कर लिया और चलने के लिए तत्पर हो गई। दोनों पुत्रों सहित सीता को लेकर लक्ष्मण सरयू के किनारे आए तो वहां राजा राम अयोध्या की प्रजा के साथ उनके स्वागत के लिए उपस्थित थे। भगवान राम ने उनका स्वागत किया। सीता ने सुंदर वस्त्र, अलंकार आदि धारण करके राम के बाएं भाग में बैठकर भगवान राम के यज्ञ को सम्पन्न कराया। इस तरह सीता और भगवान राम दोनों के लिए मन का संताप दूर हो गया। वे प्रसन्नचित्त हो गए। इसके बाद सूत ने भगवान राम के चरित्र के उस मोहक पक्ष के विषय में ऋषियों को बताना प्रारंभ किया जिससे उनका माहात्म्य बढ़ता हुआ सबको सुख देता है।

भगवान राम का अश्वमेध यज्ञ पूरा होने के बाद शिव और पार्वती सरयू नदी के किनारे ब्राह्मण के वेश में आकर रहने लगे। जब कश्यप आदि ऋषि वहां आए और उन्होंने शिव को देखा तो उनसे इसका कारण पूछा। शिव ने बताया कि मैं भगवान राम के दर्शन के लिए यहां आकर रह रहा हूं। आप लोग भी मेरे साथ आइए, राम के दर्शन से अपने जीवन को सफल बनाइए। भगवान राम ने शिवजी के साथ आए हुए सभी ऋषियों का स्वागत किया। इसे अपना सौभाग्य बताया कि वे लोग वहां पर आए। ऋषियों ने राम और शिव का परिचय कराया। अपने आने का उद्देश्य भी बताया। उन्होंने कहा कि यह शिव सारे शास्त्रों को जानते हैं, वेद के तत्व-ज्ञान से परिपूर्ण हैं। लोक के कल्याण करने वाले हैं तथा पुराणों का वाचन करने वाले महात्मा हैं। हम इनसे पुराण सुनने के लिए यहां पर आए हैं। इस प्रकार शिव का परिचय देते हुए ऋषियों ने कहा कि पुराणों के सुने बिना मनुष्य का कल्याण नहीं होता। यह सुनकर भगवान राम ने अपनी प्रसन्नता व्यक्त की और उन्होंने शिव से अनुरोध किया कि वे उन्हें लोकहितकारक अनेक सुंदर पुराणों की कथा सुनाएं। उन्होंने स्पष्ट रूप से कहा कि भगवान कुछ नये और सुंदर पुराणों का आख्यान कीजिए। यह सुनकर भगवान शंकर बोले कि मैं आपको पुराण कथा के रूप में क्या सुनाऊं, आप तो स्वयं तत्व के ज्ञाता और ज्ञानी हैं। हम तो यहां इसलिए आए हैं कि आपके ही मुरत से आपके दिव्य चरित्र को सुनें। आप हमें विस्तार से यह बताइए कि आपने किस प्रकार रावण-कुम्भकरण आदि राक्षसों का वध किया है और किस तरह सुग्रीव आदि से मित्रता करके सुंदर राज्य की स्थापना की है।

उसी सभा में जामवंत ने पुराकल्प रामायण के बारे में अपनी जानकारी बताई। इसके बाद जामवंत ने यह कहानी सुनानी प्रारंभ कर दी। उसने कहा कि पुराने समय

में महाराजा दशरथ पर साध्य नाम के एक राजा ने आक्रमण कर दिया था। उस आक्रमण के बाद दोनों में कम-से-कम एक महीने तक युद्ध होता रहा और राजा दशरथ ने साध्य को बंदी बना लिया। साध्य के एक पुत्र था जिसका नाम भूषण था। जब उसे अपने पिता के बंदी होने का समाचार मिला तो वह भी लड़ने के लिए चल पड़ा। जब दशरथ ने उस कुमार को देखा तो उसके कौमार्य पर उन्हें बहुत प्रेम उमड़ पड़ा और उन्होंने भूषण को बिना किसी आघात के बंदी बना लिया तथा दोनों को एक साथ बंदी-गृह में डाल दिया।

दशरथ को यह देखकर बड़ा आश्चर्य हुआ कि पिता और पुत्र पराधीनता की स्थिति में भी प्रसन्न थे। साध्य अपने पुत्र को पाकर अधिक प्रसन्न दिखाई देने लगा। दशरथ इस समय तक निःसंतान थे। उन्होंने साध्य से संतान प्राप्ति का उपाय पूछा, जब उसने बताया कि भगवान हरि का भजन किया जाना चाहिए और एकादशी का व्रत करके द्वादशी के दिन ब्राह्मण को भोजन कराने के बाद फिर गऊ के घी से केशव को स्नान कराकर तुलसीदल आदि समर्पित करते हुए **'नमो भगवते वासुदेवाय'** का जाप करने से संतान की प्राप्ति हो सकती है। यह सुनकर भगवान नारायण को प्रसन्न करने के लिए राजा दशरथ ने यह यज्ञ किया और अपने गुरु की आज्ञा से पुत्रेष्टि यज्ञ भी किया। यज्ञ की अग्नि में स्वयं भगवान प्रकट हुए और उन्होंने वर मांगने के लिए कहा। राजा ने अपनी चार रानियों कौशल्या, सुमित्रा, सरूपा और सुवेशा से चार पुत्रों का वरदान मांगा। कौशल्या ने भगवान से यह प्रार्थना की कि यदि आप मुझसे प्रसन्न हैं तो आप ही पुत्र के रूप में उत्पन्न होइए। राजा दशरथ ने भी यही इच्छा प्रकट की। तब भगवान स्वयं चरु में प्रविष्ट हुए और उस चरु को राजा को देते हुए रानियों को खिलाने के लिए कहा। फिर इस प्रकार क्रम से राम, लक्ष्मण, भरत और शत्रुघ्न चार बालक उत्पन्न हुए। उनके सारे संस्कार कराने के लिए ब्रह्मा आए तथा नामकरण और जापकरण संस्कार कराए गए।

यथा समय वशिष्ठ ने श्रीराम का उपनयन संस्कार करके उन्हें समस्त वेदों, उपवेदों और वेदांगों का अध्ययन कराया। दशरथ ने चारों दिशाओं में विश्वस्त दूतों को श्रीराम के लिए उपयुक्त वधू ढूंढ़ने के लिए भेजा। एक दूत ने आकर बताया कि विदर्भ नरेश विदेह की होम से उत्पन्न पुत्री रूप-लावण्यवती होने के कारण श्रीराम की पत्नी होने के योग्य हैं। दूत ने यह भी निवेदन किया कि विदेह इस संबंध के लिए सहमत हैं। यह जानकर राजा ने वशिष्ठादि मुनियों के साथ श्रीराम को वहां लड़की देखने के लिए भेजा। उन्होंने वहां जाकर लड़की को देखा और पसंद करके अयोध्या में लौट आए। श्रीरामादि सहित वशिष्ठ ने दशरथ को लड़की के योग्य और

सुरूप होने की जानकारी देते हुए उपयुक्त मुहूर्त में वर-यात्रा के लिए विदर्भ को प्रस्थान करने का कार्यक्रम बना लिया।

इधर वशिष्ठादि के जाने के उपरांत जनक की सभा में नारद का आगमन हुआ। विदेहराज ने नारद को सादर घर लाकर उनका अर्घ्यपाद आदि से यथोचित स्वागत किया और अपनी चिंता से उन्हें परिचित कराते हुए उपयुक्त उपाय बताने का उनसे अनुरोध किया। जनक ने कहा कि मैंने अपनी पुत्री वैदेही राम को देने का वचन दे दिया है। लड़की के स्वयंवर में रूप, गुण, कुल और शील सम्पन्न अनेक नृप, राक्षस और देवता पधारेंगे। यदि राम से अधिक गुण-बलशाली कोई व्यक्ति निकल आया और उसने मेरी कन्या को ग्रहण कर लिया तो मुझे वचन भंग का पाप लगेगा। यूं तो महाबली दशरथ समर्थ राजा हैं और श्रीराम भी अतुल शक्तिशाली हैं, फिर भी युद्ध में स्थिति क्या हो जाए-इस विषय में कुछ भी नहीं कहा जा सकता। मुनिवर! आप कोई ऐसा उपाय बताएं कि जिससे श्रीराम ही मेरे जामाता बनें और साथ ही लोक में यह विवाह न्यायसंगत तथा पूर्वाग्रह से मुक्त भी सिद्ध हो जाए।

विदेहराज की नारद मुनि से निवेदित इस वेदना को शंकर भगवान सहन न कर सके। उन्होंने प्रकट होकर विदेह को अपना अजगव नाम वाला धनुष देकर कहा कि इसे श्रीराम के सिवाय कोई भी अन्य राजा सज्जित नहीं कर सकेगा। तुम इस धनुष को सज्जित करने वाले से सीता के विवाह की घोषणा कर दो। इससे तुम्हारा यश सुरक्षित और अभीष्ट सिद्ध हो जाएगा। विदेहराज से यह कहकर शंकर भगवान अंतर्हित हो गए और इधर नारद मुनि जनक से सम्पूजित होकर वहां से चले गए।

विदेह ने देश-देशांतरों में अजगव धनुष को सज्जित करने वाले के साथ सीता के विवाह करने की घोषणा करवाकर स्वयंवर का दिन निश्चित कर दिया। सीता को पाने के लिए, मारीचि विप्र वेश में आया। सीता की अनुपम रूप-छटा को देखकर उस पर मुग्ध हो उठा और उसे पाने के लिए अकुलाने लगा, परंतु धनुष को सज्जित न कर पाने से उसे हाथ मलने पड़े। देवता लोग 'मैं पहले' 'मैं पहले' की उतावली से धनुष को सज्जित करने को बढ़े। स्वयं महेंद्र ने भी प्रयत्न किया, परंतु उस धनुष को सज्जित करना तो दूर, कोई हिला तक न सका। इसके उपरांत स्वयंवर में आए बाणासुर तथा सहस्त्रबाहु प्रभृति राक्षस वीरों ने भी अपने बल की परीक्षा की, परंतु उन्हें भी असफलता का मुंह ही देखना पड़ा। विश्वामित्र ने मोह को संवरण न कर पाने से धनुष को सज्जित करने की चेष्टा की, परंतु वे भी एक अंगुलि परिमाण तक ही उस धनुष को इधर-उधर सरका सके। अन्य उपस्थित सभी विप्र, क्षत्रिय, राक्षस तथा देव उस धनुष को भंग करने में सर्वथा असफल हो गए।

अंत में अपने भाइयों सहित राघव ने सभा में उपस्थित होकर उस धनुष का स्पर्श किया और सभी उपस्थित सभासदों को दिखाते हुए उस धनुष को सज्जित करके नमित कर दिया। सभी महारथी राजा इस बालक के अद्‌भुत शौर्य को देखकर आश्चर्यचकित रह गए। इस अवसर पर जनक ने अपनी पुत्री का विवाह श्रीराम से कर दिया। कुछ दुष्ट राजाओं ने राम के साथ संघर्ष छेड़ दिया, जिन पर विजय पाकर श्रीराम सीता को लेकर अयोध्या लौट आए।

अयोध्या के राजा दशरथ ने श्रीराम को युवराज बनाना चाहा तो कैकेय नरेश की पुत्री कैकेय राम के युवराजत्व को सहन न कर सकी। उसने अपने पति दशरथ से राम को चौदह वर्ष का वनवास और भरत के लिए युवराजत्व-ये दो वर मांगे। राजा ने अपने वचन-पालन को महत्त्व देते हुए कैकेय के दोनों प्रस्ताव स्वीकार कर लिए। दशरथ ने गुरु वशिष्ठ के पास जाकर जब राम के वनगमन का शुभाशुभ बताने की प्रार्थना की तो वशिष्ठ ने विचार करने के उपरांत कहा कि श्रीराम वन में जाकर संपूर्ण राक्षसों का वध करेंगे और भगवान शंकर की पूजा का विस्तार करेंगे। वशिष्ठ ने राम को सीता-वियोग, सुग्रीव-मैत्री, राम द्वारा समुद्र पर सेतु-निर्माण और युद्ध में रावण-विनाश आदि घटनाओं की भविष्यवाणी की। वशिष्ठ ने यह भी बतलाया कि रावण-वध के उपरांत अयोध्या में लौटकर श्रीराम बहुत समय तक शासन करेंगे और लोक में उनकी कीर्ति का प्रसार होगा।

इसके उपरांत भगवान राम ने अन्यायी बाली को मारकर सुग्रीव को राज्य दे दिया। छल द्वारा बाली के मारने के बाद बाली की धर्मपत्नी ने राम से पूछा कि आपने मेरे पति का बिना किसी कारण के वध क्यों किया? तब राम ने जवाब दिया कि जो दुष्ट पुरुष होते हैं उन्हें मैं दंड देता हूं, यह मेरा क्षत्रिय धर्म है। मरते समय बाली ने राम से अपनी पत्नी तारा और अंगद की रक्षा करने की प्रार्थना की और फिर राम का दर्शन करते हुए प्राण छोड़ दिए। राम सुग्रीव को बाली का राज्य देकर वन में आ गए और सुग्रीव ने राम से बातचीत करके हनुमान को सीता का पता लगाने के लिए भेजा। सीता से हनुमान की भेंट लंका के राजा की अशोक वाटिका में हुई। जब अशोक वाटिका के रक्षकों ने हनुमान को उत्पात मचाने से रोका तो वे लड़ने लगे। फिर भी मेघनाद ने उसे बांध लिया और पूंछ को जलाने की इच्छा से उस पर तेल छिड़ककर आग लगा दी। हनुमान ने सारी अशोक वाटिका जला दी और समुद्र लांघकर भगवान राम के पास आकर उनसे सारी सूचना का वर्णन दे अपने तथा सीता के मिलने का वृत्तांत भी बताया।

भगवान राम ने फिर समुद्र पार करने के लिए भगवान शिव की उपासना की और भगवान शंकर ने राम को एक धनुष दिया और कहा कि उस पर बैठकर समुद्र को तैरकर लंका चले जाएं। भगवान राम ने वैसा ही किया। वे लक्ष्मण सहित पानी

में फेंके गए धनुष पर बैठकर समुद्र को पार कर लंका की सीमा में आ गए। जब इतने अधिक लोगों को लंका की ओर आते हुए एक अतिकाय नामक राक्षस ने देखा तो उसने रावण को इसकी सूचना दी। तब रावण ने कहा कि मनुष्य तो राक्षसों का खाद्य पदार्थ है, इसमें चिंता की क्या बात है? इधर राम और उनकी सेना ने लंका पहुंचकर उत्पात मचाना प्रारंभ कर दिया। तो रावण ने मेघनाद को भेजा। दोनों सेनाओं में युद्ध हुआ। मेघनाद ने आकाश में अदृश्य होकर युद्ध करना प्रारम्भ किया तो हनुमान आदि ने प्रहार करते हुए उसे भूमि पर गिरा दिया। लक्ष्मण ने उसे मार दिया। फिर अनेक राक्षसों ने भगवान राम की सेना में उत्पात मचाया। इससे सेना व्याकुल हो गई। अंत में हनुमान ने राक्षसों को पकड़कर पराजित कर दिया।

दो राक्षस पकड़े गए। इनके नाम अतिकाय और महाकाय थे। राम ने इन दोनों को क्षमा करते हुए छोड़ दिया और लंका का रास्ता बताने का निवेदन किया। इन दोनों राक्षसों ने किनारे से भीतर जाने तक का रास्ता बता दिया जिसके द्वारा वानर सेना मुख्य लंकापुरी में प्रवेश कर गई और राम रावण की दोनों सेनाओं में भयंकर युद्ध होने लगा। बहुत कोशिश करने पर भी रावण मृत्यु को प्राप्त नहीं हो रहा था। विभीषण ने रावण को युद्ध से रोका भी पर वह नहीं माना, तब विभीषण रावण को छोड़कर राम के पक्ष में आ गया।

विभीषण के आने पर भी भयंकर युद्ध में राम रावण को मारने में असफल रहे। फिर उन्होंने प्रश्नभरी दृष्टि से विभीषण की ओर देखा। विभीषण ने रावण के नाभि-कुंड में अमृत होने की बात कही। फिर राम ने नाभि पर ही प्रहार किया और अमृत को सुखा दिया। उसके बाद रावण की मृत्यु हो गई। रावण के मरते ही कुम्भकरण युद्ध करने के लिए आया और उसने आते ही अनेक वानरों को मार डाला। फिर राम ने अपने बाणों से उसकी भी शरीर-लीला समाप्त कर दी।

विभीषण ने राम की विजय के बाद राम के आदेश से अपने अग्रज रावण और कुम्भकरण का दाह-संस्कार किया और शुद्धि की। इसके उपरांत ही भगवान राम ने विभीषण को लंका का राजा बना दिया। भगवान राम ने सीता की शुद्धि के लिए अग्नि-परीक्षा का आयोजन किया और विमान पर चढ़कर समुद्र पार किया। समुद्र के दूसरे तट पर उन्होंने शिवलिंग की प्रतिष्ठा की और फिर अपनी अयोध्यापुरी के लिए चल पड़े। वहां आकर राम ने वनवासी वेश का परित्याग कर दिया और सिंहासन पर बैठे। फिर बहुत समय तक अपनी प्रजा का पालन करते रहे।

इस तरह प्रत्येक त्रेता युग में राम पैदा होते हैं और वे दुष्टों का नाश करते हैं और उन पर आधारित रामायण की रचना होती है। यह सब सुनकर भगवान राम ने कहा कि किसी और युग में रावण के बाद कुम्भकरण का वध हुआ होगा, किंतु मैंने कुम्भकरण को ही पहले मारा है। फिर शंकर ने कहा कि इन दोनों राम के जीवन

की घटनाओं में अंतर हैं और यह अंतर समय के अनुसार बहुत स्वाभाविक है। यह सुनकर ऋषियों ने कहा कि आपकी लीला विचित्र है। आप स्वयं ही लीला करते हैं और उसका अंत कर देते हैं। आप संपूर्ण तत्त्वों के ज्ञाता हैं, लेकिन आप ही कौतुक के कारण अपनी लीलाओं में अंतर कर देते हैं। इस संवाद के बाद ऋषियों ने संतोष प्रकट किया और जाने के विषय में विचार अभिव्यक्त किए। तब उन्होंने श्रीराम के कहने पर भोजन किया और अपने-अपने स्थानों पर लौट आए।

ऋषियों के चले जाने पर राम ने शिवजी को पहचान लिया और उनकी पूजा-आराधना की। राम के मन में अपने प्रति निश्चल भक्ति को देखकर शिवजी ने राम का अभिवादन किया और उनसे कोई भी वर मांग लेने के लिए कहा। शिवजी ने जब वर मांगने के लिए कहा तो राम बोले कि अब मुझे क्या चाहिए। स्वर्ग से सुंदर अयोध्या का निवास पृथ्वी का राज्य, सीता जैसी पत्नी और नीरोगता सब कुछ मिला हुआ है, अब तो केवल यही चाहता हूं कि आप मुझे अपने चरणों में भक्ति का वरदान दें।

राम के यह कहने पर शंकर ने भगवती सीता से कहा कि आप कोई वर मांग लें। सीताजी ने भी उसी प्रकार की भावनाएं अभिव्यक्त कीं और कहा कि उन्हें भी इनके चरणों की भक्ति चाहिए और यदि कोई और वर देने की इच्छा ही है तो मुझे वरदान दीजिए कि मैं स्वप्न में भी किसी दूसरे पुरुष के विषय में विचार न करूं। अपने पति की कांति के प्रति ही मेरे मन में चातक जैसा भाव बना रहे। भगवान शिव ने भगवान राम और सीता दोनों को अभीष्ट वरदान देकर भवन के एक अंग में ही विश्राम करने लगे। प्रातःकाल उठकर शिव ने सरयू में स्नान किया और पूजा-पाठ से निवृत होकर भगवान राम को नमस्कार करके चले गए। इसके पूर्व अनेक दिनों तक भगवान शंकर ने भगवान राम को पुराणों के अनेक आख्यान सुनाए। शिवजी ने पुराणों का महत्व बताते हुए विष्णु की पूजा की विधि भी बताई और कई बार तीर्थों का महत्व बताते हुए यह भी बताया कि जहां श्रद्धा से रहित होकर पूजा की जाती है वहां उचित फल प्राप्त नहीं होता। अनेक रूपों में शंकर भगवान ने अन्याय से अर्जित किए हुए धन के विपरीत भी उपदेश दिया। इस तरह भगवान राम की पुरी को छोड़ने से पूर्व शिवजी ने उन्हें अनेक कथाएं सुनाई। उन्होंने यह भी कहा कि हे राम! मूलतः मैं और तुम एक है। हम दोनों स्वरूप के भेद से अलग-अलग दिखाई देते हैं। हम एक ही शक्ति के दो रूप हैं और अभिन्न हैं और जो व्यक्ति हम दोनों में भेद.बुद्धि रखता है वह सच्चा भक्त नहीं है। यह कहकर शिवजी कैलाश चले गये और भगवान राम नियमित कर्म करते हुए प्रजा का पालन करने लगे।

□□□

उत्तर खण्ड

भीष्म ने महामुनि पुलस्त्य से कहा कि हे भगवान! आपने जिस तरह सरल कहानियों के द्वारा अध्यात्म तत्त्व का निरूपण किया है, मुझे उससे बहुत लाभ मिला है। मेरा निवेदन है कि इसके आगे भी आप मुझे कुछ सुनाने की कृपा करें। यह सुनकर पुलस्त्य ने कहा कि बहुत पुराने समय की बात है कि नैमिष प्रदेश में जब सब ऋषि-मुनि मिलकर तत्त्व-चिन्तन कर रहे थे तो मेरे गुरु वेदव्यास भी उधर आये। ऋषियों ने उनका स्वागत किया और कहा कि आपके दर्शन तो बहुत पुण्यों से मिलते हैं। आप तत्त्ववेत्ता महात्मा और ज्ञानी हैं। आप हमें भगवान नारायण की भक्ति का वास्तविक स्वरूप बताने की कृपा करें।

ऋषियों की बात सुनकर महामना वेदव्यास ने उनसे कहा कि इसी प्रकार की जिज्ञासा एक बार भगवती महादेवी सती ने भगवान शंकर से अभिव्यक्त की थी। शंकर ने जिस प्रकार उनसे नारायण की भक्ति के विषय में बताया, मैं वही तुम्हें सुना देता हूं। यह कहकर व्यास ने बताया कि एक बार माता पार्वती ने देखा कि भगवान महादेव बहुत प्रसन्न दिखाई दे रहे हैं तो उन्होंने उनसे पूछा कि आप मुझे सुखद और संतोष-प्रदात्री श्रेष्ठ भक्ति का वास्तविक स्वरूप बताने की कृपा करें। पार्वती के प्रश्न के उत्तर में शिव ने सूक्ष्म रूप में भक्ति के विषय में बताया और फिर उसका विस्तार किया। उन्होंने कहा-

1. चित्त की तल्लीनता ही श्रेष्ठ भक्ति है।
2. तल्लीन चित्त से विष्णु भक्ति वाला सात्विक भक्त होता है।
3. सात्विक भक्ति उत्तम भक्ति है।
4. विषयों में लीन रहते भक्ति करना मध्यम भक्ति है।
5. अहंकार, मद से दूसरों का भला न करने के लिए की गई भक्ति तामसी कोटि की भक्ति कहलाती है।

शंकर ने बताया कि भक्ति का मूल समर्पण है और निःस्वार्थ भाव से जब मनुष्य यह समर्पण करता है तो इस भक्ति को सात्विक भक्ति कहते हैं, इससे परम लाभ मिलता है।

मनुष्य जिस प्रकार की भक्ति करता है उसे फल भी उसी प्रकार का मिलता है। जो मनुष्य तामस भाव से भक्ति करता है वह पूर्ण फल का अधिकारी नहीं होता। भगवान विष्णु की भक्ति करने से मुनि, विद्वान ब्रह्म आदि देवता भी अनेक फल प्रदान करते हैं। हे पार्वती, मनुष्य को चाहिए कि वह निरन्तर सात्विक भक्ति करे। क्योंकि सात्विक भक्ति से ही उसे विष्णु प्राप्त होते हैं। यदि यह सम्भव नहीं है तो किसी भी भाव से भक्ति करना उचित है। क्योंकि धीरे-धीरे तामसिक वृत्ति से राजसी और राजसी वृत्ति से मनुष्य सात्विक हो जाता है।

पार्वती के पूछने पर भगवान शंकर बोले कि जिस तरह प्यासा व्यक्ति जल, बर्फ से ठण्डा हुआ मनुष्य आग, भय से ग्रस्त मनुष्य शरण के स्थल, पुत्र की कामना वाला व्यक्ति पुत्र की कामना के साधन, ब्रह्म का जिज्ञासु व्यक्ति ब्रह्म विद्या, लोभी धन, देह के धारण करने वाला देह की रक्षा, चक्रवात सूर्य, अंधकार में रहने वाला मनुष्य दीपक, हाथी आदि जंगल का चिन्तन और स्मरण करते हैं, उसी तरह से भगवान विष्णु के भक्त को सब कुछ छोड़कर भगवान का स्मरण करना चाहिए। इसमें जानने वाली बात यह है कि जैसे सूर्यकांत मणि के संयोग से अग्नि पैदा हो जाती है, जिस तरह चंद्रमा के निकलने पर कुमुद फूलों का विकास होता है, उसी तरह से भगवान विष्णु की भक्ति करने से मनुष्य के हृदय में ज्ञान का प्रकाश होता है। इस ज्ञान के प्रकाश से ही वह अन्य तत्वों को जानता है। कई बार ऐसा होता है कि सतत भक्ति करने से मनुष्य भगवान स्वरूप ही हो जाता है। जैसे गोपियों को श्रीकृष्ण की भक्ति से और उनका स्मरण करने से सायुज्य मुक्ति मिल गई और जिस तरह भगवान का स्मरण करने से नल को अपनी स्वरूपता प्राप्त हो गई, उसी प्रकार भगवान नारायण की भक्ति से लोभ और लालच छोड़कर आत्म.ज्ञान प्राप्त किया जाता है। किसी भी रूप में जब भगवान का स्मरण किया जाता है तो वह अन्ततः विष्णु पद प्राप्त कराने वाला ही होता है।

भगवान अपने आप में कृपालु होते हैं लेकिन उनकी कृपा पाने के लिए धन, विद्या की आवश्यकता नहीं होती। ये तो केवल भक्ति के वशीभूत होते हैं। अपने भक्तों को ही संसार-सागर से पार उतारते हैं।

एक मात्र भक्ति भावना ही भगवान को प्रसन्न करने के लिए पर्याप्त है। पार्वती से शिव ने कहा कि विष्णु भगवान कितने कृपालु हैं कि भक्ति के योग से वे बहुत

शीघ्र ही हमारे समीप आ जाते हैं। लेकिन मूलतः वे आंख में लगे हुए अंजन की तरह हमारी आंखों में होते हैं। हम उन्हें देख नहीं पाते। वे व्यापक होते हैं, हृदय में निवास करते हैं। इन्द्र आदि देवताओं के लिए इन्हीं भगवान विष्णु ने अमृत का प्रबन्ध कराया। लेकिन देवता बहुत अधिक सुखी नहीं रहे, वे पहले से अधिक दुखी हो गये क्योंकि देवताओं ने भगवान विष्णु के परामर्श से समुद्र-मन्थन से अमृत तो प्राप्त कर लिया था लेकिन विष्णु के प्रति सच्चे भक्त नहीं बने थे। जब नारद के प्रयास से देवताओं के मन में विष्णु-भक्ति का बीज पूरी तरह से बोया गया तब उन्हें सुख और संतोष मिला। विष्णुभक्ति के अतिरिक्त किसी प्रकार की भक्ति से किसी को प्राप्त करना जल को किसी कपड़े में बांधने के समान लगता है।

वास्तविक भक्ति का स्वरूप बताते हुए भगवान शंकर ने पार्वती से कहा कि मनुष्य बाहुओं से रहित होकर तैर नहीं सकता। मनुष्य का शरीर प्राप्त करके भक्ति के अतिरिक्त जितने भी कर्म मनुष्य करता है, वे व्यर्थ होते हैं। उसे विष्णु की भक्ति में लीन होना चाहिए।

जिस तरह थोड़ी.सी आग भी बड़े-से-बड़े वन को जला देती है, जरा.सा विष भी विपुल जल-राशि को विषाक्त कर देता है, उसी प्रकार भगवान की थोड़ी.सी भक्ति भी मनुष्य की पाप-राशि को नष्ट करने में समर्थ होती है। मनुष्य को यह समझ लेना चाहिए कि जिस तरह पानी देने से, किसी भी पेड़ की जड़ सींचने से फल-फूल-पत्ते अपने आप ठीक तरह से निकल आते हैं उसी तरह भगवान विष्णु को पूजने से सारे पितर, देव पूजित हो जाते हैं। जैसे सूर्य, चन्द्र, आग समदर्शी हैं अर्थात् मनुष्य-भेद से अपने दान को निर्धारित नहीं करते, उसी तरह भगवान विष्णु भेदभाव से रहित हैं। उनकी भक्ति के प्रभाव से छोटे कुल का व्यक्ति भी उच्च कुल का हो जाता है। जो मनुष्य श्रद्धा-भक्ति से भगवान का नाम लेता है वह अपने जीवन को सार्थक करता है, अपने वंश के द्वारा निर्धारित कर्मों को करते हुए परम पद को प्राप्त होता है। श्रद्धा-भक्ति से लिया हुआ नाम व्यर्थ नहीं जाता। अजामिल इसका उदाहरण है। अजामिल ने भूल से अपने छोटे पुत्र का नाम का उच्चारण करते हुए नारायण शब्द का उच्चारण किया था। उसी से उसका उद्धार हो गया। एक बार भाव के वशीभूत होकर भगवान विष्णु के नाम का उच्चारण इतना बड़ा फल दे सकता है तो फिर नाम-संकीर्तन से मनुष्य को कितना बड़ा फल मिल सकता है!

जो मनुष्य विष्णु की भक्ति में तल्लीन रहता है, जो उसकी वास्तविक महिमा को जानता है उसे आत्म-ज्ञान मिलता है, जो मनुष्य विष्णु की भक्ति से विमुख रहता है वह उसी तरह सत्य तत्त्व से दूर रहता है। जैसे हिरण को यह पता नही चलता

कि कस्तूरी उसकी अपनी नाभि में है। जिस तरह अगरु और कपूर को लादने वाला ऊंट उसकी सुगन्ध से परिचित नहीं होता और हिरण तो नाभि में कस्तूरी की छिपाए हुए इधर-उधर वन में भटकता रहता है; बिलकुल इसी तरह संसार की दौड़ लगाता हुआ मनुष्य सुख के विषय में भटकता है। भौतिक उपलब्धि, पदार्थों में तल्लीन, सुख के विषय में भटकता है। सुख न देने वाली वस्तुओं में सुख की खोज करता है। वह वास्तविक जीवन की महिमा को नहीं जान पाता। जिस तरह सर्प के द्वारा पिया जाने पर दूध भी विष बन जाता है उसी तरह मूर्ख मनुष्यों के द्वारा भक्ति का उपदेश भी सुख नहीं देता। जैसे नेत्रहीन प्राणी पास में रहने वाले दर्पण तथा दीप को नहीं देख पाता, इसी तरह विष्णु की भक्ति से हीन मनुष्य परम तत्त्व को नहीं जान पाता। वह जीवन पर्यन्त भटकता रहता है। जिस तरह धुएं से अग्नि, मैल से दर्पण, जेर से गर्भ ढका रहता है उसी तरह जीव भी भगवान श्रीकृष्ण की माया से आवृत्त रहता है और स्वयं भगवान भी माया से ढके रहते हैं। सामान्य भक्त भगवान को नहीं देख पाते और वे इस संसार में भूत-भूत में वैसे ही विद्यमान रहते है जैसे दूध में घी और तिल में तेल।

मनुष्य को ज्ञात है कि घर्षण करने से आग लकड़ी से प्रकट हो जाती है; उसी तरह भक्ति-भाव से बहुत ध्यान करने से भगवान का स्वरूप भी साधक के मन में उतर आता है। जैसे एक ही सूर्य अनेक रूप में प्रतिबिम्बित होता है, उसी प्रकार भगवान ही विभिन्न रूपों में दिखाई देते हैं।

भगवान विष्णु के यूं तो निराकार और साकार दोनों ही स्वरूपों की उपासना की जा सकती है, परन्तु जिस प्रकार बिना आधार के शून्य मार्ग में गमन नहीं किया जा सकता, उसी प्रकार निराकार की उपासना भी कष्ट-साध्य होती है। साकार प्रभु की उपासना बड़े ही सुख से की जा सकती है। साकार की उपासना में सेवा का रस सुलभ रहा करता है। श्रीहरि की स्मृति से भक्त का शरीर रोमांचित हो जाता है और नयनों से आनन्दाश्रु का विनिपात होने लगता है, उस समय मुक्ति भी भगवद्‌भक्त की दासी बन जाती है। सुरेश्वरि जिस प्रकार स्वामी द्वारा स्वेच्छा से पशु रज्जु से बद्ध किए जाते हैं, उसी प्रकार मनुष्य भी अपने कर्मों के बन्धनों से बंधकर इस भूतल में विविध योनियों में जन्म ग्रहण करते और मृत्यु का ग्रास बनते रहते हैं। जिस प्रकार क्रीड़ा करने वाला स्वामी स्वेच्छा से कन्दुक को इधर-उधर फेंकता है, उसी प्रकार जीव के कर्म ही जीव को सुख-दुख की स्थिति में डालते हैं। कर्म के बन्धन का निग्रह करने में देव, दानव, ऋषि तथा मनुष्य कोई भी समर्थ नहीं है। यह कर्म एकमात्र केशव के अधीन है, केशव के नाम संकीर्तन से कर्म बन्धन से मुक्ति मिल जाती है।

निर्विकार वायु अनेक तरह की गन्धों को अपने साथ ले जाती है, गन्धों से मुक्त होने पर वह सुगन्धित व दुर्गन्धित कहलाती है। जिस तरह जल अपनी निर्विकारता के बाद दूसरे तत्त्व के मिलने से उसी के रूप-गुण वाला हो जाता है, उसी तरह गुण से परे आत्मा कर्मों के संयोग से फल प्राप्त करता है। मूलतः आत्मा तो गुणातीत होता है। लेकिन देह-धर्म के कारण उसे अनेक सुख-दुख सहने होते हैं।

प्रकृति के गुणों से संयुक्त होकर आत्मा अनेक प्रकार की योनियों में जन्म लेता है, बिलकुल वैसे ही जैसे पृथ्वी जल के संयोग से अनेक वनस्पतियों को पैदा करती है। देव, मनुष्य और पशु में एक जैसी ही आत्मा रहती है लेकिन वह देह के भेद से अलग-अलग व्यवहार करती हुई दिखाई देती है। भगवान शंकर ने आगे कहा कि मनुष्य शुभ और अशुभ कर्म के कारण जो भी फल भोगता है उसका मूल स्रोत उसका मन है। मनुष्य का शुद्ध मन उसका मित्र होता है और अशुद्ध मन उसका शत्रु। मन ही मनुष्य के उद्धार और पतन का आधार बनता है। लेकिन जो ज्ञानी पुरुष होते हैं वे कर्म में आसक्त नहीं होते। कर्म की आसक्ति केवल कर्म करने तक रहनी चाहिए। अर्थात् कर्म तो पूरे मनोयोग से किया जाना चाहिए, लेकिन उसके फल में आसक्ति नहीं होनी चाहिए। ज्ञानियों और अज्ञानियों में यही भेद है।

इसी दृष्टिकोण से ज्ञान और योग का मार्ग कठिन मार्ग कहा जाता है। इसके विषय में विचारणीय कुछ बातें इस प्रकार है–

- ज्ञान और योग कठिन मार्ग है।
- ज्ञान और योग से श्रेय की प्राप्ति होती है।
- ज्ञान और योग के संयोग से जगत की शून्यता का बोध होता है।
- ज्ञान और योग से मन भटक सकता है।
- ज्ञान योग के विपरीत भक्ति बहुत सरल उपाय है।
- भक्ति में रागात्मकता होती है।
- भक्ति मुक्ति को भी उपेक्षणीय मानता है।
- भक्त समर्पण पर विश्वास करता है।
- भक्त तर्क-वितर्क नहीं करता।

इस तरह ज्ञान योग और भक्ति योग में मार्ग या साधनों का स्वरूप भेद की दृष्टि से फलदाता तो है लेकिन उससे प्रभु की प्राप्ति में भिन्नता आ जाती है। भक्ति की उपेक्षा करने पर ज्ञान-योग साधन ही तत्व-बोध नहीं करा पाता। मनुष्य इन्द्रिय-सुख भोगने के लिए मानव-जीवन में हरेक प्रकार के व्यर्थ कर्म करता है। यह नहीं समझता कि यह कर्म-विधान उसकी पहुंच के बाहर है जिस तरह कीमती

मणियों की थाली में औषधि का पाचन नहीं होता उसी तरह ज्ञान योग से भगवत् प्राप्ति नहीं होती।

कभी-कभी मनुष्य कर्म करते हुए निकृष्ट कोटि का कर्म करता है और यह कर्म तब होता है जब वह दूसरे से ईर्ष्या करता है। लेकिन ईर्ष्या से रहित कर्म मध्यम कोटि का कर्म है। लेकिन सब प्रकार के ग्रहण और त्याग भाव से रहित किया गया कर्म उत्तम कोटि का कर्म कहलाता है। क्रोध के आवेश में मनुष्य बहुत कुछ अपकर्म कर जाता है और कष्ट के अतिरेक में भी दुष्कर्म होते हैं। वस्तुत: कर्म का त्याग तभी होता है जबकि शक्ति होते हुए भी त्याग किया जाए। जो त्याग क्रोध, और मनोविकारों से मुक्त होकर किया जाता है, वह सच्चा त्याग कहलाता है। इस विषय में दो मत नहीं जिस तरह रक्त से रक्त को, हिंसा से हिंसा को और कीचड़ से कीचड़ को शुद्ध नहीं किया जा सकता, इसी तरह कर्मों से कर्मों का प्रच्छालन भी नहीं होता। यज्ञ करने से भी मनुष्य कर्म-बन्धन से मुक्त नहीं होता क्योंकि उसमें भी हिंसा होती है। यज्ञों का फल स्वर्ग की प्राप्ति हो सकता है लेकिन स्वर्ग का सुख भी अनित्य और अस्थायी होता है। उसे हम स्थायी नही कह सकते।

भगवान हरि की भक्ति ही स्थायी फल की प्राप्ति कराती है। इस तरह शंकर और पार्वती के संवाद में भगवान विष्णु की भक्तिस्वरूप और उनके माहात्म्य का विवरण देते हुए महाप्रभु व्यास ने कहा कि अब शिव और विष्णु की संयुक्त लीला से सम्बन्धित मैं एक कथानक सुनाता हूं। यह कथानक जलन्धर असुर से सम्बन्धित है।

व्यास ने सनत कुमार से शंकर के द्वारा किए गये जलन्धर-वध का वृतान्त सुनाने के लिए निवेदन किया। इस वृतान्त को सुनाते हुए सनत कुमार ने कहा कि बहुत पुराने समय की बात है कि एक समय देवराज इन्द्र गुरुवर बृहस्पति के साथ भगवान शंकर के दर्शन करने के लिए कैलाश पर्वत पर आये तो शंकर ने उनकी परीक्षा लेने के लिए अपने आप को छुपा लिया। एक स्थान पर एक जटाधारी बाबा का वेश बना कर बैठ गए। देवराज इन्द्र ने बाबा से भगवान शंकर का पता पूछा तो बाबा ने कोई उत्तर नहीं दिया। इन्द्र अपने ऐश्वर्य में उन्मत्त थे, इसलिए उन्होंने सोचा कि इस बाबा ने उनके प्रश्न का उत्तर न देकर उसका अपमान किया है। इस अपमान का बदला लेने के लिए, उसे दण्ड देने के लिए इन्द्र ने बाबा पर प्रहार किया। किन्तु शिव की महिमा से उनके शस्त्र और धार निश्चल हो गए। बाबा के रूप में बैठे हुए भगवान शिव के नेत्रों से क्रोध की अग्नि निकलने लगी। जब बृहस्पति ने देखा तो उन्हें पहचान लिया और भगवान शंकर की प्रार्थना करने लगे, ताकि वे इन्द्र के अपराध का क्षमा कर दें। भगवान शिव बृहस्पति की स्तुति से प्रसन्न होकर इन्द्र को

क्षमा करते हुए उठ गये। लेकिन उन्होंने अपने मस्तक के नेत्र से निकले हुए तेज को अपने हाथ में लेकर क्षीर समुद्र में फेंक दिया। एक क्षण के बाद ही यह तेज एक बालक का रूप धारण कर लिया और गंगा सागर के संगम पर ऊंचे स्वर में रोने लगा। उसके रोने को सुनकर लोकपाल बहुत चिंतित हुए, उनके निवेदन करने पर ब्रह्मा उस बालक के पास गए। उस बालक ने उनके गले में बांहे डाल दी और उसने उनका गला इतनी जोर से दबाया कि ब्रह्मा की आंखों से आंसू निकलने लगे। उसकी इस शक्ति को देखकर ब्रह्मा ने उसका नाम जलंधर रख दिया। ब्रह्मा ने उसके भविष्यफल को देखा तो अनुमान लगाया कि यह बालक दैत्यों का अधिपति, प्रबल पराक्रमी, सबको जीतने वाला और शिव के अतिरिक्त किसी के द्वारा भी अबध्य होगा। यह कहकर उन्होंने बताया कि इसकी पत्नी अत्यन्त रूपवती और पतिव्रता होगी।

समुद्र ने ब्रह्मा के द्वारा उस बालक का तेजस्विता से परिपूर्ण भविष्य जानकर उसका पालन-पोषण किया। जब वह युवक हो गया तो उसका विवाह कालनेमि की लड़की वृन्दा से करा दिया। शुक्राचार्य ने जब जलंधर की शक्ति और साहस को देखा तो उन्होने इसे राक्षसों को अधिपति बनाया। जलंधर का नित्यप्रति उत्थान होता रहा।

एक समय शुक्राचार्य जलंधर की सभा में आए। उन्हें देखकर जलंधर ने उनका अत्यन्त सम्मान किया। स्वागत-सत्कार के बाद उनसे पूछा कि राहु का सिर किस तरह कटा और वह अब कहां रहता है? उसके यह पूछने पर दैत्यों के गुरु शुक्राचार्य ने उसे समुद्र-मन्थन की कथा सुनाई और बताया कि किस प्रकार अमृत को पीने के लिए तत्पर हुए राहु का सिर इन्द्र के पक्षपाती विष्णु ने काट गिराया। जलंधर ने इस वृतांत को सुनकर अपना एक दूत विष्णु के पास भेजा और उन्हें चेतावनी दी कि विष्णु समुद्र-मंथन के परिणामस्वरूप निकले सारे रत्नों को लौटा दें, अन्यथा परिणाम भुगतने के लिए तैयार रहें। जब इन्द्र ने जलंधर का यह सन्देश सुना तो उसने धस्मर दूत को अत्यन्त क्रोध में भरकर कहा कि मुझसे द्रोह करने वाला कभी भी सुखी नहीं रह सकता। उसकी शंकासुर जैसी ही दशा होगी। जिस तरह मेरे अनुज ने शंकासुर को मार डाला, उसी प्रकार जलंधर की भी गति होगी। यदि जलंधर अपना हित चाहता है तो मेरा विरोध करना छोड़ दे और इस प्रकार से रत्न न मांगे। दूत जलन्धर के पास पहुंचा और उसने इन्द्र के द्वारा कही गई सारी बातों को उसी रूप में कह दिया। यह सुनकर जलन्धर को बहुत क्रोध आया और वह आग बबूला हो गया। उसने करोड़ों दैत्य सेनापतियों के साथ शुम्भ और निशुम्भ को लेकर इन्द्र के विरुद्ध युद्ध छेड़ दिया। दोनों ओर से भयंकर युद्ध होने लगा और युद्ध भूमि मृत सैनिकों से भरने लगी। दैत्यों के गुरु शुक्राचार्य अपनी मृत संजीवनी विद्या से मृत दैत्यों को

फिर से जीवित करने लगे और दूसरी ओर देवताओं के गुरु द्रोणगिरि से औषधि आदि लाकर देवताओं को जीवित करने लगे। जलन्धर ने शुक्राचार्य से कहा कि मृत संजीवनी औषधि केवल आपके पास है तो देवताओं को पुनर्जीवन कैसे सम्भव है। इस पर खोज करने पर जब दैत्यों को द्रोणगिरि पर्वत के रहस्य का पता चला तो जलन्धर को परामर्श दिया गया कि वह उस पर्वत को उखाड़कर समुद्र में फेंक दे। जलन्धर ने बहुत जल्दी इस परामर्श पर कार्य करते हुए अपनी प्रबल भुजाओं से पर्वत को जड़ से उखाड़ कर समुद्र में फेंक दिया और इसके बाद देवताओं का अत्यन्त तीव्र गति से संहार करने लगा। इस भयंकर संहार से और द्रोणगिरि का उपयोग न कर पाने से बृहस्पति ने देवताओं को युद्ध रोकने की सलाह दी। इस प्रकार देवताओं से अविजित रहने पर जलंधर बिना किसी चिन्ता के अमरावती चला गया और देवराज इन्द्र की खोज करने लगा। सभी देवता डरकर इधर-उधर भाग गये और उन्हें जहां-जहां स्थान मिला, वहां छिप गये।

इन्द्र आदि देवता अपनी सुरक्षा के लिए भगवान विष्णु की शरण में गये और उनसे निवेदन किया कि वे देवताओं के लिए कुछ करें। उनकी प्रार्थना सुनकर देवराज इन्द्र के साथ विष्णु युद्ध करने के लिए उद्यत हो गये। जब लक्ष्मी ने यह देखा तो उन्होंने विष्णु को अलग बुलाकर कहा कि जलंधर उनका भाई है। इसलिए वह विष्णु के द्वारा अवध्य है। फलस्वरूप विष्णु ने जलन्धर का वध न करने का आश्वासन लक्ष्मी को दिया।

विष्णु के नेतृत्व में देवताओं ने जलन्धर के ऊपर आक्रमण बोल दिया। दैत्यों ने डटकर इन्द्र के आक्रमणों का मुकाबला किया। इतना भयंकर संग्राम हुआ कि इन्द्र आदि देवताओं के पैर उखड़ गये। वे सब युद्ध से भाग गये, उनकी यह दशा देखकर विष्णु स्वयं गरुड़ पर चढ़कर जलन्धर से युद्ध करने लगे। विष्णु ने इतना भयंकर युद्ध किया कि दैत्यराज जलन्धर की ध्वजा, धनुष-वाण और छत्र काट डाले। दूसरी ओर जलन्धर ने गरुड़ पर ऐसा प्रहार किया कि वह पृथ्वी पर गिर गया। जलन्धर ने विष्णु की छाती में भी एक तीक्ष्ण बाण मारकर उन्हें घायल कर दिया। गदा के कट जाने पर जलन्धर ने धनुष-बाण से युद्ध किया। उसके बाद विष्णु ने गदा से जलन्धर की छाती में प्रबल प्रहार किया जो उसने हंसते-हंसते सहन कर लिया।

इसके बाद जलन्धर ने त्रिशुल से विष्णु पर प्रहार किया, इसके उत्तर में नन्दक खड्ग से विष्णु ने उसके त्रिशुल को काट डाला। विष्णु ने जलन्धर की इस युद्ध-क्रिया से-उसकी युद्ध विद्या, साहस, पराक्रम से प्रसन्न होकर उसे वर मांगने के लिए कहा। विष्णु की प्रसन्नता अनुभव कर जलन्धर ने कहा कि आप मेरी बहन

लक्ष्मी और अपने अन्य कुटुम्बियों सहित मेरे घर में निवास करने के लिए आयें। भगवान विष्णु ने जलन्धर को प्रसन्नतापूर्वक यह वरदान दे दिया। कुछ समय बाद लक्ष्मी सहित विष्णु जलन्धर के निवास पर आतिथ्य ग्रहण करने के लिए आये। जलन्धर अत्यन्त कृत-कृत्य हो गया। बाद में उसका यश चारों तरफ फैला तथा वह गंधर्वों, देवों और यक्षों को अपना अनुगामी बनाकर धर्मपूर्वक शासन करने लगा।

इधर जलन्धर के ऐश्वर्य से देवता लोग बहुत चिंतित हो गये। जलन्धर ने देवताओं के सुन्दर और शक्तिशाली वाहन, शस्त्र और रत्न अपने अधीन कर रखे थे। कोई और उपाय न देखकर जलन्धर से मुक्ति पाने के लिए देवता विष्णु जी की शरण में पुनः गये। विष्णु भगवान ने जलन्धर का यथा उपाय किया।

इसके बाद व्यास जी ने कथा का अगला भाग सुनना चाहा तो सनत कुमार ने कहा कि वह दूत बर्बर नाम से विख्यात हुआ और जलन्धर के पास गया। वहां जाकर उसने शंकर की सभी बातें बतायीं। यह सुनकर जलन्धर ने सेना को सजने की आज्ञा दी। कालनेमि और शुम्भ-निशुम्भ आदि अनेक दैत्य तैयार हो गये। सभी दिशाओं से करोड़ों दैत्यों ने प्रयाण किया लेकिन चलते समय जलन्धर का मुकुट खिसक गया तथा अनेक तरह के अपशगुन भी हुए। दूसरी ओर शिव को सारा समाचार मिला और उन्होंने यह भी देवताओं से सुना कि विष्णु लक्ष्मी सहित जलन्धर के यहां निवास कर रहे हैं। इसके बाद देवता भी वहीं रह रहे हैं।

इसके उपरान्त शिव ने विष्णु को बुलाकर जलन्धर को न मारने का कारण पूछा और उसके यहां निवास करने के विषय में भी पूछा। इस पर विष्णु ने उत्तर दिया कि जलन्धर आपके वंश से उत्पन्न हुआ है और लक्ष्मी का भाई है। इस कारण मैंने उसे नहीं मारा, वह अजेय भी है। इसके उत्तर में शिव ने जलन्धर को मारने की बात कही। जैसे ही शिव के मन में जलन्धर को मारने की बात आई वैसे ही दैत्यों के सम्प्रदाय में हलचल मच गई। कैलाश के समीप भीषण युद्ध होने लगा। भयंकर युद्ध से पृथ्वी कांपने लगी। शुक्राचार्य मृत संजीवनी से दैत्यों को जिलाने लगे। यह देखकर शिव बहुत क्रोधित हुए, उनके मुख से भयंकर कन्या निकली और वह युद्ध-भूमि में जाकर दैत्यों को चबाने लगी। उसने शुक्राचार्य को भी अपने भीतर छिपा लिया। शुक्राचार्य के चले जाने पर दैत्य लोग घबरा गए और भागने लगे।

शिव के गणों ने शुम्भ-निशुम्भ और कालनेमि को परास्त कर दिया। तब जलन्धर एक रथ पर सवार होकर आया। रथ पर बहुत लम्बी पताका थी। उसने अपने बाणों की वर्षा से पृथ्वी पर कोहरा उत्पन्न कर दिया। उसने नन्दी, गणेश आदि को भी बाणों से छेद दिया। कार्तिकेय ने एक शक्ति द्वारा उस पर प्रहार किया पर उसने

एक गदा के प्रहार से गणेश, वीरभद्र, नन्दी आदि को व्याकुल कर दिया। यह देखकर शिव के गण भागने लगे।

शंकर ने अपना रुद्र रुप धारण किया और नन्दी पर चढ़कर वे वहां आये। उन्हें देखकर दैत्य लोग भागने लगे। जलन्धर ने शंकर पर आक्रमण किया और हजारों बाणों की वर्षा की। लेकिन शंकर ने उसके बाणों के जाल को काट डाला। कई दैत्यों को शंकर ने फरसे से काट दिया। जलन्धर ने अपने भागते हुए सैनिकों को रोकने की चेष्टा की लेकिन कुछ नहीं हुआ। वे शिव से लड़ते हुए डर रहे थे। जलन्धर ने शिव पर आक्रमण किया और शिव उसके बाणों को काटते रहे। इस पर उसने एक मायावी काम किया। वह शिव का रूप बनाकर पार्वती के पास पहुंचा, किन्तु पार्वती को देखकर मार्ग में ही उसे कामुकतावश स्खलित हो जाना पड़ा। पार्वती अन्तर्ध्यान हो गई और थोड़ी देर बाद उनसे विष्णु मिले। तब उन्होंने पूछा कि क्या विष्णु को जलन्धर के कृत्य का पता है? विष्णु ने स्वीकृति सूचक सिर हिलाकर कहा कि मुझे मालूम है। इस पर पार्वती ने विष्णु से कहा कि जलन्धर का अनुसरण करके उसकी पत्नी का व्रत नष्ट करें। तभी वह दैत्य मर सकता है।

विष्णु जलन्धर के नगर में गये और वहां एक उद्यान में ठहर गये। वृन्दा को एक स्वप्न आया कि उसका पति नग्न होकर सिर पर तेल लगाकर ऋषि बना हुआ दक्षिण दिशा की ओर जा रहा है। उसने काले रंग के फूलों की माला पहनी हुई है और वह चारों ओर से हिंसक जीवों से घिरा हुआ है। उसका नगर समुद्र में डूब रहा है। जागकर उसने अपने स्वप्न पर विचार किया और वह अपनी सखियों के साथ अटारी पर आई और फिर उसी उद्यान में घूमने लगी। वहां उसने एक मौनी तपस्वी को देखा। भयभीत वृन्दा ने उस मौनी के गले में हाथ डाल दिया; तब उस तपस्वी ने एक हुंकार में सारे राक्षसों को वहां से भगा दिया।

इससे वृन्दा अभय हुई तब मुनि के पास दो वानर आये और वे जलन्धर का सिर और धड़ लेकर मुनि के पास आ गये। वृन्दा ने अपने पति को मृत जानकर बहुत शोक किया और वह मूर्छित हो गई। इसके उपरान्त उसने मुनि से अपने पति को जीवित करने के लिए कहा। तब मुनि ने कहा कि शिव के द्वारा मारा गया जलन्धर जीवित नहीं हो सकता किन्तु शरणागत की इच्छा पूरा करना मेरा धर्म है अतः उस मुनि ने जलन्धर को जीवित कर दिया। उसे जीवित देखकर वृन्दा ने उसका आलिंगन किया और फिर बहुत समय तक उसी के साथ रमण करती रही। किन्तु एक बार वास्तविकता जानकर उसने विष्णु को बहुत धिक्कारा और कहा कि तुमने मुझे राक्षस दिलाएं हैं। कभी वे ही तुम्हारी पत्नी का हरण करेंगे। मुनि तुम्हारा साथी होगा और

बन्दरों की सहायता से तुम अपनी पत्नी को छुड़ा पाओगे। यह कहकर वृन्दा अग्नि में प्रवेश कर गई और उसका तेज पार्वती में प्रवेश कर गया।

उधर पार्वती के अदृश्य होने पर चैतन्य होने के बाद भगवान शंकर बहुत क्रोध करने लगे। दोनों में फिर युद्ध होने लगा। जलन्धर ने शंकर के बाणों को काटना चाहा। लेकिन जब वे नहीं कटे तब उसने माया की पार्वती बनाकर रथ के पहिये से बांध ली। भगवान शंकर अपनी प्रिय पत्नी का यह हाल देखकर दुखी हो गये। उन्होंने रुद्र रूप धारण किया। सारे दैत्यराज उनका यह रूप देखकर भाग खड़े हुए। शिव ने उन्हें धिक्कारा और कहा कि मैं भागते हुए को नहीं मारता, लेकिन पार्वती तुम्हें नहीं छोड़ेंगी और यह कहकर शिवजी ने चरणांगुष्ठ से बनाये हुए सुदर्शन चक्र से जलन्धर का सिर काट डाला। वह पहाड़ के समान भयंकर गर्जन करता हुआ धरती पर गिर गया। शिव की आज्ञा से उसके बहे हुए रक्त से रौरव नरक में एक कुण्ड बन गया। जलन्धर का तेज उससे निकलकर शिव में समा गया।

सनत कुमार ने कहा कि जलन्धर का वध हो जाने पर देवताओं ने भगवान शंकर की स्तुति की और कहा कि आप परब्रह्म परमेश्वर निर्गुण और निर्विकार हैं, हम आपकी प्रजा हैं आप हमारी रक्षा कीजिये।

इसके बाद सारे देवता शिवजी के चरणों में मौन होकर अपनी प्रार्थना समर्पित करते हुए शिव का ध्यान करने लगे। शिव अन्तर्ध्यान हो गये। (इस आख्यान को जो भी पढ़ता है वह गणेश को प्राप्त होता है)। इस वृत्तांत के बाद ब्रह्मा ने नारद से कहा कि सनत कुमार ने व्यास से बताया कि जब सब देवता स्तुति करके मौन हो गए तब शंकर ने कहा कि जलन्धर मेरा ही अंश था। वह मेरी ही लीला थी। सबको इससे प्रसन्नता हुई या नहीं, इसके बाद सबसे भगवान शंकर ने विष्णु का वह चरित्र भी कहा जिस तरह उन्होंने वृन्दा को मोहित किया था और वह अग्नि में प्रविष्ट हो गई थी।

शंकर ने विस्तार से समझाते हुए कहा कि यह माया ही सर्वेश्वरी है और यह चराचर जगत उसके अधीन हैं विष्णु इस माया के कारण ही कामवश होकर वृन्दा पर मोहित हुए हैं। महादेवी उमा त्रिदेवी की जननी है और उससे परे हैं। यह मूल प्रकृति ही गौरी कहलाती है, अत: विष्णु के मोह को दूर करने के लिए पार्वती की शरण में जाइये। तब सब देवता उमा के पास आये और उनसे प्रार्थना करने लगे। आकाशवाणी द्वारा उन्हें पता चला कि उमा ही तीन गुणों में विभक्त होकर सब जगह स्थित है। वह सत् गुण से गौरा, रजो गुण से लक्ष्मी और तमो गुण से ज्योति रूप है। अत: सभी लोग उन शक्तियों के पास जाओ, वे सबके मनोरथ पूरा करेंगी। तब

देवताओं ने गौरी, लक्ष्मी और सरस्वती का स्मरण करके उनकी पूजा की और वे देवियां वहां प्रकट हुई। उन्होंने देवताओं को कुछ बीज देकर कहा कि विष्णु के पास जाओ। उन बीजों को लेकर देवताओं ने वृन्दा की चिता में डाल दिया। उससे धात्री, मालती और तुलसी का आविर्भाव हुआ। धात्री और तुलसी आदि वनस्पतियों को प्रतिष्ठित कर विष्णु बैकुण्ठ चले गये।

तदुपरांत यह पूछने पर कि हे भगवान्! यदि कोई व्यक्ति अपने व्यावहारिक जीवन में अधिक लीन होने के कारण भगवान की भक्ति में अधिक समय नहीं लगा पाये और बहुत साधन नहीं जुटा पाये तो महीने में क्या कोई ऐसी तिथि है जिसमें व्रत-उपासना करने पर मनुष्य को फल मिलता हो? आप हमें भक्ति का यह रहस्य बताने की कृपा करें। यह सुनकर व्यास बोले कि प्रत्येक महीने के दोनों पक्षों में पन्द्रह दिन होते हैं। इन तिथियों में एकादशी की तिथि भगवान नारायण को विशेष रूप से प्रिय होती है। मनुष्य को चाहिए कि एकादशी के दिन व्रत रखकर भगवान नारायण के प्रति प्रेरित होकर एकादशी के लिए यह वचन कहे-''हे एकादशी तुम मुझे शक्ति और भक्ति दो।

क्योंकि पहले भगवान नारायण ने एकादशी को अपने भक्ति और शक्ति से समर्थवती बनाया था। भगवान ने कहा था कि एकादशी, तुम मेरी शक्तिस्वरूपा हो और जो भी मनुष्य तुम्हारे दिन, व्रत और उपवास करके मेरी पूजा करेगा उसे स्वर्ग की प्राप्ति होगी। अब मैं तुम्हें वर्ष भर में जितनी भी एकादशियां आती है, उनके नाम तथा पूजा किस प्रकार की जाती है, यह बताने का प्रयास करता हूं। इसके उपरान्त उन्होंने बताया कि श्रद्धालु भक्त को चाहिए कि वह दसवीं के दिन ही एकादशी व्रत का संकल्प करे और जुए जैसी मनोरंजन की क्रीड़ाओं, दूसरे की निंदा, चोरी, हिंसा, नींद, असत्य-भाषण और रति आदि व्यसनों को छोड़ दे, शुद्ध आवरण वाला होकर व्रत का अनुष्ठान करे। प्रातः काल ही घर पर या नदी में स्नान करें और स्नान से पहले शरीर पर मिट्टी मलकर अपनी शुद्धि करे। क्योंकि मिट्टी के मलने से पापों का विनाश होता है। फिर जल देव की प्रार्थना करें और उनसे कहे कि-

''हे जल देव! आप सभी प्रणियों के जीवन और शरीर के प्रक्षालक और रक्षक हो। मेरा यह स्नान मुझे इतना पुण्य प्रदान करे जितना तीर्थों में स्नान करने से होता है।''

नहाने के बाद जिसकी जैसी शक्ति हो जमदग्नि मुनि की प्रतिमा बनाकर उसकी पूजा करे और फिर घर जाकर स्थान को शुद्ध करके उसे सुगन्धित बनाए। जल से भरे हुए कलश की स्थापना करे और फिर भगवान विष्णु की धूप-दीप-फूल आदि

से अर्चना करे। कलश पर भी पुष्प माला चढ़ाए और फिर पूर्व बनाई प्रतिमा को उसके ऊपर स्थापित करे।

भक्त को चाहिए कि वह अन्न आदि का परित्याग करके दिन भर भगवान का भजन करता रहे, रात्रि को अनेक गीत और वाद्यों से भगवान का कीर्तन-स्तवन करे। एकादशी की रात्रि में जागना व्रत का एक महत्त्वपूर्ण अंग है। इसके बिना व्रत पूरा नहीं होता। इसीलिए महादेव ने बहुत पहले कहा था कि रात्रि को जागरण करने वाला सात द्वीपों के स्वामित्व को प्राप्त कर लेता है।

ऋषियों ने कहा कि अब आप हमें यह बताने की कृपा करें कि बारह महीनों में किस प्रकार हमें भगवान विष्णु की पूजा करनी चाहिए? यह सुनकर व्यास ने उन्हें बताया कि पूजा के प्रकारों में फूल और नैवेद्य भी विशेष रूप में होते हैं। व्यास ने कहा कि अलग-अलग महीने में अलग-अलग पुष्प और प्रतिमा का अर्चन होता है।

चैत्र मास-चैत्र महीने में शुद्ध पात्र में जल में फूल भिगोकर, जल को सुगन्धित करके भगवान की प्रतिमा को स्नान कराना, फिर धूप, दीप, अर्घ्य तथा आचमन के लिए दूध-पानी मिश्रित पेय बनाकर चम्पक जाति के बिल्व और कमल के फूलों से पूजा करनी चाहिए।

वैशाख मास-केतकी का पुष्प अर्पित करते हुए पूजन-अर्चन करना चाहिए। इसमें चैत्र मास वाली बताई विधि का प्रयोग करते हुए भगवान की मूर्ति को दही में नहलाना चाहिए और बहुत बारीक सूत के रंग-बिरंगे वस्त्र पहनाने चाहिए।

ज्येष्ठ मास- शीतल जल में स्नान कराकर आमलक फलों को अर्पण करना चाहिए और सफेद पंखे से मूर्ति को हवा करते हुए पाटल के फलों को माला अर्पित करनी चाहिए। इसमें ठण्डे जौ का भोग (सत्तू) देना लाभकारी होता है।

आषाढ़ मास- भगवान की मूर्ति को दही से स्नान कराकर कदम्ब के फूलों को अर्पित करना चाहिए। मयूर के पंखों से हवा करते हुए। शेफाली और केतकी के फूलों की माला बनानी चाहिए और मक्खन का भोग लगाना चाहिए। वैशाख, जेठ और आषाढ़ में भगवान को पतले वस्त्र पहनाने चाहिए।

श्रावण मास-सुगन्धित जल से स्नान कराना चाहिए और कदम्ब के साथ बकुल के फूलों को अर्पण करना चाहिए तथा घी से भीगी हुई खीलों का भोग देना चाहिए।

भाद्र मास- भाद्र मास में नारायण की मूर्ति की स्थापना किसी नये मन्दिर में करनी चाहिए और वहां सुगन्धित धूप की व्यवस्था करते हुए भगवान को रात्रि में मच्छरदानी से ढककर सुलाना चाहिए। केतकी की पूजा वर्जित है और दिव्य ताल के

फूलों से ही भगवान कृष्ण की पूजा करनी चाहिए। इस महीने में भक्त को चाहिए कि वह रात्रि का भोजन छोड़ दे।

आश्विन मास- आश्विन मास में भगवान को पवित्र और मधुर तथा सुगन्धित जल से स्नान कराना चाहिए किन्तु इस विषय में यह बहुत ध्यान रखना चाहिए कि दोपहर से पूर्व भगवान इस जल को अमृत समझकर प्राप्त करते हैं और दोपहर के बाद रक्त समझकर उसे अस्वीकार कर देते हैं। इसलिए भक्त पुरुष को चाहिए कि प्रात:काल ही स्नान आदि सम्पन्न करे और तभी शुद्ध 'वस्त्र पहनकर जनेऊ धारण कर तिलक लगाएं और फिर उसी प्रकार की दूर्वाओं से अर्चन करे।

कार्तिक मास- कार्तिक मास में भक्त को चाहिए कि वह मांस, संसर्ग आदि का त्याग करके तेल आदि से बनी वस्तुओं का भी स्पर्श न करे। इस तरह शुद्ध सात्विक होकर भगवान की पूजा करे। कार्तिक मास में दीप-दान का महत्त्व विशेष रूप से कहा गया है। इस महीने में बिल्व पत्रों से भगवान की पूजा करने का भी बहुत विशेष महत्त्व है। यह भी कहा गया है कि कार्तिक में किया गया थोड़ा-सा दान बहुत फल देता है। इस महीने में सफेद तथा दूसरे रंगों के कमल के फूलों को चढ़ाना चाहिए।

मार्गशीर्ष मास- मार्गशीर्ष मास में विष्णु युग्म का पूजन करना चाहिए अर्थात् लक्ष्मी के सहित विष्णु का पूजन लाभदायक है। ज्ञानवान मनुष्य को चाहिए कि वह पूर्ण श्रद्धा और समर्पण भाव से मन को एकाग्र करके भक्ति-भाव से भजन करे। इस महीने में भगवान को पके हुए नारंगी फल का भोग लगाना विशेष लाभदायक है और भक्त को यह भी चाहिए कि ऋतु में उत्पन्न फलों को ले और ब्राह्मणों को दान दे।

पौष मास- पौस मास में भगवान श्रीकृष्ण के स्वरूप की पूजा करे क्योंकि वे भी तो विष्णु रूप हैं और उन्हें गन्ने के रस से भोग चढ़ाएं और गन्ने का ही नैवेद्य समर्पित करे। भगवान की प्रतिमाओं को गर्म वस्त्र पहनाने चाहिए और संगीत के विभिन्न वाद्य-यन्त्रों से पूजा करनी चाहिए।

माघ मास- पंच यज्ञ समाप्त करके भगवान का पूजन करना चहिए और हल्के गर्म पानी से भगवान को नहलाकर उनका पूजन करना चाहिए और फिर पतले चंदन से उनके अंगों पर लेप करते हुए धूप-दीप से भोग लगाए। चम्पा के फूलों से भगवान प्रसन्न होते हैं।

भगवान व्यास ने ऋषियों से कहा कि भगवान नारायण प्रत्येक महीने में से किस प्रकार से विधि- विधानपूर्वक पूजा करने से प्रसन्न होते हैं, यह मैंने आप सब

लोगों को बता दिया है। भगवान इस तरह की पूजा से प्रसन्न होकर भुक्ति और मुक्ति दोनों देते हैं। यदि कोई मनुष्य सुविधाओं के न होने के कारण पूरी तरह से भक्ति के विधान का अनुकरण नहीं कर सकता तो उसे चाहिए कि उसे जो भी पत्र-पुष्प-फल उपलब्ध हो, उसी से बहुत गहरी भक्ति-भावना से भगवान की आराधना करें। भगवान उसके भक्ति-भाव से बहुत कोमल हो जाते हैं और उसके ऊपर कृपा करके उसे सायुज्य भक्ति का फल देते हैं। सत्य बात तो यह है कि भगवान नारायण केवल मन से की गई पूजा से ही सन्तुष्ट और प्रसन्न हो जाते हैं। भगवान नारायण तो भावना के भूखे हैं। संसार की सारी सम्पत्ति और वैभव के रचयिता वे ही हैं इसलिए वह उनके लिए तुच्छ है। स्वयं लक्ष्मी जिस भगवान की पत्नी होकर उनके चरणों की सेवा करती हैं उसे संसार के वैभव के प्रति कोई आकर्षण नहीं हो सकता। भौतिक सम्पत्ति से जो कोई भगवान को रिझाना चाहता है उससे अधिक मूर्ख इस संसार में और कोई नहीं होता।

जिस प्रकार भगवान के लिए पूजा और अर्चन की विधि बताई है। उसे करते हुए अन्त में प्रणाम और परिक्रमा करके सर्वथा यह कहना चाहिए कि हे प्रभु! मेरे अपराधों को क्षमा करो और यह भक्ति-पूजा आपको ही समर्पित है। इस प्रकार भक्त की कोई भी त्रुटि और दोष का भार उसे नहीं लगता। उसमें कर्ता होने का अभिमान भी नहीं जागता। वह इतना निस्वार्थ हो जाता है कि फल के भोग की चिंता नहीं करता। इस तरह सम्पूर्ण धर्म को छोड़कर केवल भगवान की शरण में जाना सम्पूर्ण भक्ति का रूप है। ऐसे भक्त को भगवान कभी बीच में नहीं छोड़ते।

निष्काम भाव से भक्ति करने वाला मनुष्य ही कर्मयोगी होता है। ऐसे निष्काम भाव से सहज रूप में भगवान के प्रति समर्पित मनुष्य स्वयं भगवान रूप ही हो जाता है।

इसके बाद ऋषियों ने व्यास जी से माघ स्नान का महत्व सुनाने का निवेदन किया। उनके प्रश्न के उत्तर में व्यासजी ने कहा कि इस स्नान का महत्व अनेक लोगों के द्वारा अनेक लोगों को सुनाया जाता रहा है। वशिष्ठ ने दशदथ को, दत्तात्रेय ने कार्तवीर्य को और ब्रह्मा ने नारद को यह महत्व बताया था। नारद, सहस्रबाहु और दशरथ को जिन स्थितियों को सुनाया गया, मैं वहीं आपको बताता हूं।

हमारा भारतवर्ष शुभकर्मों के सम्पादन की दृष्टि से सर्वोत्तम भूमि है पूर्व जन्मों का पुण्य दूसरे जन्म में फलित होता है। जो व्यक्ति इस भारत भूमि में पैदा होता है और माघ के महीने में स्नान नहीं करता उसका जन्म बकरी के गले में लटकते हुए थन की तरह व्यर्थ होता है। सूर्य के बिना आकाश, चन्द्रमा के बिना नक्षत्र जैसे

शोभाहीन होते हैं उसी तरह से मनुष्य के सत्कर्म माघ-स्नान के बिना फलदायक नहीं होते। इसलिए मनुष्य को चाहिए कि वह पापों को नष्ट करने वाले और स्वर्ग में लाभ प्राप्त कराने वाले माघ-स्नान को प्रीतिपूर्वक करे।

माघ-स्नान किए बिना शरीर की कोई सार्थकता नहीं, चाहे वह कितना ही बलशाली और सुन्दर क्यों न हो। क्योंकि यह मनुष्य की देह अस्थि-पंजर है। इसमें मांस, मज्जा, रुधिर और स्नायुओं का जाल फैला हुआ है। यह एक तरह से मल-मूत्र का भण्डार है और ऊपर खाल से आवरित है। इस शरीर को बुढ़ापा, रोग, शोक और न जाने कितने दुःख निरन्तर सताते रहते हैं। अनेक प्रकार के ताप- आध्यात्मिक, आधि-दैविक और आधि-भौतिक भय निरन्तर कष्ट देते हैं। ऐसे शरीर की उपयोगिता और सार्थकता माघ-स्नान से ही हो सकती है।

मनुष्य को चाहिए कि वह सूर्य के उदय होने पर यह कहे कि हमारे जैसे ब्रह्मघाती और असत्य बोलने वाले मनुष्यों को हे सूर्य! आप पवित्र करें। भगवान व्यास ने कहा कि एक घटना मैं आप सब लोगों को इस विषय में सुनाता हूं। इस घटना से आपको मालूम हो जायेगा कि माघ-स्नान कर्म और वाणी के द्वारा किए गये पापों को नष्ट कर देता है।

पुराने समय में भृगु वंश में, उत्पन्न एक ब्राह्मणी, जिसका नाम कुब्जिका था, बाल्य अवस्था में ही विधवा हो गई। विधवा होने के बाद बहुत दुखी होकर उसने तप करना प्रारम्भ कर दिया। वह नर्मदा नदी के किनारे तप करती रही और अनेक प्रकार के व्रतों का अनुष्ठान भी करती रही। उसने कठिन-से-कठिन व्रत भी किए और नर्मदा के किनारे रेवा तथा कपिल के संगम पर साठ माघों का स्नान किया। तपस्या के कारण शरीर त्यागने के बाद वह विष्णु लोक में चली गई। वहां एक हजार चतुर्युगी तक उसने आनन्दपूर्वक सुख भोगा और सुन्दर-असुन्दर का नाश करने के लिए रूप-सौन्दर्य से परिपूर्ण तिलोत्तमा का रूप प्राप्त किया। वह इतनी रूपवती हो गई कि स्वयं ब्रह्मा तथा अन्य देवता भी आश्चर्य में पड़ गए। फिर ब्रह्मा ने उसे आदेश दिया कि वह रेवा नदी के किनारे चली जाए और दैत्यों का नाश करे। ब्रह्मा की बात मानकर तिलोत्तमा रेवा नदी के किनारे आई और अपनी वीणा लेकर बजाती हुई अशोक वन में आ गई। सुन्दर और असुन्दर दोनों तिलोत्तमा पर आसक्त हो गये और उसे पाने के लिए आपस में लड़ने लगे। दोनों एक-दूसरे से लड़कर मृत्यु को प्राप्त हो गये। तिलोत्तमा ने इस तरह देवताओं का काम करने के बाद ब्रह्मा के पास वापस आकर उनका अभिवादन किया। उत्तर में ब्रह्मा ने उसका अभिनन्दन किया और उसे सूर्य देव के रथ में स्थान दिया और यह भी वरदान दिया कि जब तक सूर्य है तब

तक तुम इस अपार सुख को भोगो। इस तरह तब से लेकर अब तक वह कुब्जिका अप्सरा के रूप में माघ-स्नान के कारण आनन्द फल का भोग कर रही है। तो यह जान लेना चाहिए कि चारों वर्णों के लोग माघ-स्नान के अधिकारी हैं। यह स्नान पापों का नाश करता है और पापों के प्रायश्चित के रूप में भी किया जाता है। इस स्नान को करते हुए प्रत्येक मनुष्य का ध्यान भगवान नारायण की ओर हो जाता है और इस ध्यान मात्र से उसका मन शांत हो जाता है। इस तरह मन से की गई यह सेवा विशिष्ट फल देने वाली है।

ऋषियों में ऋषि व्यास ने कार्तिक महीने में स्नान करने और दान देने के महत्त्व का भी वर्णन किया। उन्होंने सबसे पहले बताया कि कार्तिक महीने में स्नान की विधि क्या होनी चाहिए और इसी के साथ पूजा की विधि का भी वर्णन किया। उन्होंने कहा कि मनुष्य को चाहिए कि वह प्रातःकाल उठकर शौच कर्म के लिए बाहर चला जाए, अपने जनेऊ को कान पर रखे और ऐसे समय उसका मुख उत्तर की ओर होना चाहिए तथा सिर ढका हुआ फिर उसके बाद हाथ-पैर धोकर स्नान करना चाहिए और विष्णु के मन्दिर में जाकर प्रतिमा की आराधना करनी चाहिए। कार्तिक के महीने में त्याग देने वाली भी कुछ वस्तुएं हैं जैसे दूसरे का अन्न, दूसरे के शैया, दूसरे की स्त्री, मांस, तिल, तेल, गऊ के दूध से भिन्न कोई दूध आदि। इस महीने में मनुष्य को अपने अंग विशेष रूप से सजाना भी नहीं चाहिए और जड़ वाली सब्जियां जिनमें गंध आती है का सेवन भी वर्जित है। किन्तु अन्य फल भी दिन के समय सीमित मात्रा में खाने चाहिए।

कार्तिक महीने में व्रत की पूर्णता के बाद व्रत की सम्पन्नता का विधिपूर्वक पालन करना चाहिए।

इस विधि-विधान में सम्पन्न कार्यक्रम कार्तिक शुक्ल चतुर्दशी के दिन करना चाहिए। व्रत पूरा होने पर विष्णु भगवान का एक मण्डप बनाना चाहिए। दरवाजे पर जय-विजय की मूर्ति, तुलसी दल से मण्डप को आच्छादित करते हुए पांच रत्नों से परिपूर्ण कलश की स्थापना करनी चाहिए। इसके बाद लक्ष्मी के साथ ही भगवान की प्रतिमा का पूजन करना चाहिए और रात भर संगीत तथा नृत्य में व्यतीत करते हुए भगवान का गुणगान करना चाहिए। फिर प्रातःकाल भोजन करके ब्राह्मणों को दक्षिणा आदि देकर उनकी अनुमति से भगवान की प्रतिमा का जल में विसर्जन करना चाहिए।

इसके बाद भगवान श्रीकृष्ण ने उन्हें बताया कि महीनों में कार्तिक महीना और तिथियों में एकादशी मुझे बहुत प्रिय है। इसके पहले भी मैं ऋषि-मुनियों के द्वारा यह बात बता चुका हूं।

इस विषय में मैं तुम्हे एक कथा और सुनाता हूं। किन्तु कथा से पूर्व यह जान लो कि इसका कार्तिक मास का प्रभाव विशिष्ट है। इस महीने में किया गया थोड़ा-सा पुण्य कर्म भी बहुत अधिक फल देता है। इस महीने में भगवान का पूजा करने से स्वर्ग और अपवर्ग आसानी से मिल जाते हैं। कार्तिक महीने के स्नानों का भी विशेष महत्त्व है। इसमें चार प्रकार के स्नान-भेद बताए गए हैं।

1. समुद्र, तालाब, नदी में किया गया स्नान 'वारुण स्नान' कहलाता है।
2. गऊ-रज से किया गया स्नान 'बायव्य स्नान' कहा जाता है।
3. वर्षा के जल से किया गया स्नान 'दिव्य स्नान' कहा जाता है।
4. कुएं में मन्त्रों का उच्चारण करते हुए (किसी कुएं पर) किया गया स्नान 'ब्राह्म स्नान' कहलाता है।

इन चारों प्रकारों में सबसे महत्वपूर्ण फल देने वाला स्नान वारुण स्नान कहा जाता है। ब्राह्मण, क्षत्रिय और वैश्य को स्नान करते हुए मन्त्रों का उच्चारण करना चाहिए। किन्तु शूद्रों को स्नान करते हुए मौन रहना चाहिए।

श्रीकृष्ण ने कहा कि बहुत पहले अवन्तिपुर में धनेश्वर नाम का एक दुष्ट आचरण वाला भ्रष्ट ब्राह्मण रहता था, वह बहुत समय तक जगह-जगह भटकता रहा और फिर महिष्मती नगर में आया। नर्मदा के किनारे इस बसे हुए नगर में उसने अनेक ऋषियों को देखा जो कार्तिक में व्रत करे रहे थे। वहां पर रहते हुए उसने प्रतिदिन हरि का गुणगान करते हुए, पठन-पाठन करते हुए ब्राह्मणों के दर्शन किए। एक दिन धनेश्वर की काले सांप द्वारा काटने से मृत्यु हो गई। जब कार्तिक वृत्ति ब्राह्मणों ने उसे मरा हुआ देखा तो दया करके उसके मुंह पर तुलसी दल वाला पानी छिड़क दिया। जब वह ब्राह्मण यमलोक पहुंचा तो चित्रगुप्त ने देखा कि उसके खाते में कोई भी पुण्य कर्म नहीं है तब उसके कहने पर यमराज ने उस ब्राह्मण को अनन्तकाल तक नरक में रहने का आदेश दे दिया।

लेकिन यमदूत जैसे ही आग से झुलसे हुए कुम्भीपाक नरक में उस ब्राह्मण को लेकर आए वैसे ही उन्होंने अनुभव किया कि वहां का वातावरण बहुत शांत हो गया है तो उन्हें बहुत आश्चर्य हुआ। यमदूतों ने इस आश्चर्यजनक स्थिति को महाराज यम से बताया तो यम को भी बहुत आश्चर्य हुआ। लेकिन तभी वहां पर नारद पहुंच गये और उनके पहुंचने पर यमराज ने उनसे पूछा तो वे उससे बोले कि यह तो धनेश्वर के उस प्रताप का फल है जिससे उसने कार्तिक में व्रत करने वाले महात्माओं के दर्शन किए। इसलिए उसकी उपस्थिति से नरक भी स्वर्ग हो गया। धनेश्वर के सारे दुष्ट कर्म उस दर्शन मात्र के प्रभाव से रहित हो गये हैं। उनके भाषण सुनने से उसका

प्रायश्चित हो गया है। यह सूचना देने के बाद नारद तो वहां से चले आये किन्तु उसके बाद यमराज ने धनेश्वर को नरक से निकालकर स्वर्गलोक भिजवा दिया।

मत्स्यावतार

व्यास ने बताया कि भगवान के अनेक अवतार किसी-न-किसी महान कर्म के लिए हुए हैं। तब ऋषियों ने उनसे उनके प्रमुख अवतारों के विषय में जानना चाहा। व्यास ने कहा कि पार्वती को भगवान शंकर ने विष्णु के विभिन्न अवतारों की कथा सुनाई थी। शिव पार्वती से बोले कि विष्णु भगवान ही विभव, व्यूह आदि में अभिन्न रूप से विद्यमान हैं। भगवान का पहला और मुख्य अवतार मत्स्यावतार है। यह उनके विभवों में सबसे पहले आता है। प्रजापति ब्रह्मा ने पहले भृगु, अत्रि, मरीचि, दक्ष, कर्दम, पुलस्त्य, पुलह, अंगिरा तथा क्रतु- नौ प्रजापतियों की सृष्टि की। इसके बाद मरीचि से कश्यप पैदा हुए और कश्यप की चार पत्नियां थीं- अदिति, दिति, कद्र और विनता। इनसे देवता, दैत्य, सर्प और गरुड़ पैदा हुए।

कुछ समय के बाद दिति के पुत्र दैत्यों ने ब्रह्मा को मोहित करके उनसे वेद छीन लिये। इन पुत्रों में शंबूक, हयग्रीव, हिरण्यकशिपु, महाबल, हिरण्याक्ष प्रमुख हैं। वेद छीनकर ये सभी दैत्य समुद्र में प्रवेश कर गये। ज्ञान की पुनः प्रतिष्ठा के लिए ब्रह्मा ने विष्णु से प्रार्थना की और वेदों का उद्धार करने के लिए कहा। भगवान विष्णु ने समुद्र में प्रवेश करके मकर दैत्य से युद्ध किया क्योंकि मकर ने ही वेदों को समुद्र में छिपाया था। लेकिन उसने वेदों को उलट-पुलट करके अव्यवस्थित कर दिया। तब भगवान विष्णु ने व्यास का रूप धारण करके उन्हें व्यवस्थित करते हुए उनका विधिवत विभाजन किया। इस तरह भगवान को यह सम्पूर्ण कर्म करने के लिए मत्स्य का अवतार लेना पड़ा।

कूर्मावतार

भगवान विष्णु के दूसरे अवतार कूर्मावतार के विषय में बताते हुए शिव ने पार्वती से कहा कि बहुत पहले ऋषि दुर्वासा इन्द्र से मिलने के लिए गये तो उन्होंने देखा कि इन्द्र सभी देवताओं से पूजित हो रहे हैं तो उन्होंने प्रसन्नता अनुभव की। उन्हें एक कमल फूलों की माला दी। इन्द्र ने उस माला को अपने हाथी ऐरावत के

सिर पर डाल दिया और स्वयं नन्दन वन में चला गया। हाथी ने उस माला को धरती पर गिराकर मसल डाला। ऋषि ने देखा कि उसके सामने ही उसके दिये हुए सम्मान का तिरस्कार हो रहा है तो उन्होंने क्रोधित होकर इन्द्र को वैभव-नष्ट होने का शाप दे दिया। इससे सारे इन्द्र लोक में दरिद्रता छा गई। देवता अभाव से पीड़ित होने लगे तो वे आत्म-रक्षा का उपाय जानने के लिए देव प्रभु भगवान विष्णु के पास गये। विष्णु ने उनकी पूजा से प्रसन्न होकर दर्शन दिये और क्षीर सागर के मंथन से लक्ष्मी प्राप्त करने के लिए कहा। यह कार्य करने के लिए जब देवता तत्पर हुए और मन्दराचल के स्थित होने की बात उठी तो भगवान विष्णु ने कूर्म का अवतार धारण करके मन्दराचल को अपनी पीठ पर धारण करना पड़ा। फिर मन्थन के उपरांत लक्ष्मी का आविर्भाव हुआ और भगवान नारायण की कृपा से देवताओं की दरिद्रता नष्ट हो गई।

वराह अवतार

वराह रूप में अवतार के विषय में बताते हुए भगवान शंकर ने पार्वती से कहा कि पुराने समय में जय-विजय नाम के दो द्वारपाल थे। ये सामान्य रूप से द्वार पर खड़े हुए थे कि सनक आदि ऋषि जब विष्णु से मिलने जाने लगे तो उन्होंने रोक दिया। ऋषियों ने क्रुद्ध होकर राक्षस योनि में पैदा होने का शाप दे डाला। ये दोनों हिरण्याक्ष और हिरण्यकशिपु के रूप में कश्यप और दिति के यहां उत्पन्न हुए।

हिरण्याक्ष ने बड़ा चमत्कार किया और वह सम्पूर्ण प्राणियों सहित सागर समेत पृथ्वी को उखाड़कर रसातल में ले गया। फिर पृथ्वी के उद्धार के लिए देवता लोग भगवान विष्णु के पास आये तो उन्होंने वराह बनकर रसातल में प्रवेश किया और एक दाढ़ से राक्षस को मारा तथा दूसरे से पृथ्वी को बाहर निकाला। वराह रूप धारण करने के कारण इस रूप को वराह अवतार कहा जाता है।

नृसिंह अवतार

भगवान विष्णु के अवतारों में नृसिंह अवतार का बहुत महत्त्व है। अपने भाई हिरण्याक्ष के वध के बाद हिरण्यकशिपु को बहुत कष्ट हुआ। उसने भयंकर तप किया। उसकी तपस्या से भगवान विष्णु बहुत प्रसन्न हुए। जब उन्होंने वर मांगने के लिए कहा तो वह बोला कि मैं न दिन में, न रात में, न देव, असुर, मनुष्य, गन्धर्व,

सर्प, पशु–पक्षी, राक्षस किसी भी जाति से न मारा जाऊं। इस तरह उसने अवध्य होने का वर ले लिया। वर प्राप्त करने के बाद वह बहुत घमंडी हो गया और देवलोक पर आक्रमण कर दिया। देवताओं को वहां से भगाकर राज्य करने लगा लेकिन उसका पुत्र प्रह्लाद् उसकी भावना के विपरीत विष्णु की ही पूजा करता रहा। हिरण्यकशिपु को उसकी यह भावना बिलकुल स्वीकार नहीं थी। उसने अपने पुत्र को अनेक प्रकार के कष्ट दिए और उसको मरवाने के अनेक उपाय किए लेकिन भगवान विष्णु की कृपा से उसका बाल भी बांका नहीं हुआ।

एक बार प्रह्लाद को उसके पिता ने लोहे के खम्भे में बांध दिया और उसे आग से तपा दिया। फिर कहा कि मुझे इसमें अपने भगवान को दिखाओ। पिता पुत्र को जैसे ही खड्ग से मारने जा रहा था वैसे ही मनुष्य और शेर का संयुक्त अवतार लेकर भगवान विष्णु प्रकट हो गये। उन्होंने संध्या के समय; (जो न दिन होता है न रात) महल की चौखट पर (जो न घर होता है न बाहर) अपनी जांघों पर राक्षस को लिटाकर अपने नाखूनों से उसे मार डाला। इस तरह भगवान ने अपने भक्त की रक्षा के लिए नृसिंह का अवतार लिया।

वामन रूप अवतार

भगवान के अवतारों की परम्परा बहुत विस्तृत है। हिरण्यकशिपु के वंश में ही राजा बलि पैदा हुआ। प्रह्लाद का पुत्र विरोचन और विरोचन का पुत्र बलि था। बलि बहुत धर्मात्मा और इन्द्रियों को अपने वश में करने वाला राजा था। उसने अपनी वीरता से इन्द्र आदि देवताओं को जीतकर तीनों लोकों को अपने वश में कर रखा था। इसलिए देवताओं को उसे छल से ही परास्त करना पड़ा। अपनी दुर्गति से चिंतित देवता भगवान विष्णु के पास गये और कश्यप ने भी भगवान विष्णु की प्रसन्नता के लिए घोर तप किया। जब भगवान विष्णु प्रसन्न हुए और उन्होंने कश्यप को वर मांगने के लिए कहा तो कश्यप ने कहा आप राजा इन्द्र को उसका राज्य लौटाने की कृपा करें।

कश्यप की प्रार्थना स्वीकार करके भगवान विष्णु ने एक ब्राह्मण ब्रह्मचारी के रूप में अपने को परिवर्तित किया और वामन रूप धारण करके बलि के यज्ञ में गये। बलि ने ब्राह्मण समझकर उनकी पूजा की और कुछ लेने के लिए कहा। वामन ने उससे तीन पग धरती मांगी और बलि ने उन्हें धरती देने का संकल्प कर लिया। वह अपने वचन से पीछे नहीं हटा। तब भगवान ने अपना विराट रूप धारण किया और

एक ही पग से पचास करोड़ योजन चौड़ी, सागर तथा सात द्वीपों वाली धरती को तथा दूसरे पग से स्वर्गलोक को नाम लिया। फिर उन्होंने कहा कि मैं तीसरा पग कहां रखूं? तो बलि ने अपना सिर आगे करके कहा कि आप तीसरा इस पर रख लीजिएगा। भगवान में उसके सिर पर पैर रखकर उसे पाताल लोक भेज दिया। इस तरह उन्होंने देवताओं का राज्य उन्हें लौटा दिया।

परशुराम का अवतार

परशुराम के अवतार के रूप में भगवान विष्णु ने उद्दण्ड क्षत्रियों को पाठ पढ़ाने का कार्य किया। यह कथा इस प्रकार है कि जमदग्नि ऋषि ने देवराज इन्द्र को प्रसन्न करने के बाद उनसे सुरभि नाम की एक गाय प्राप्त कर ली थी। कुछ समय बाद राजा कार्त्तवीर्य ऋषि के आश्रम में गये और वहां इस गाय को देखकर आश्चर्य में पड़ गये। उन्होंने ऋषि से गाय मांगी। ऋषि ने गाय देने से अस्वीकार कर दिया। तब उस राजा ने अपने बल का प्रयोग किया। जब वह गाय को ले जा रहा था तो गाय ने अपने सींगों से राजा और उसके सैनिकों को बुरी तरह से घायल कर दिया। राजा ने ऋषि जमदग्नि पर तीव्र प्रहार किये जिससे वे मूर्छित होकर धरती पर गिर पड़े और उनकी गाय को लेकर चला गया।

ऐसे दुष्ट राजाओं का वध करने के लिए भगवान विष्णु ने ही जमदग्नि के पुत्र के रूप में अवतार लिया और कार्त्तवीर्य सहित अनेक क्षत्रिय राजाओं को मारा जो आतताई होते थे। इस तरह उन्होंने पृथ्वी को धर्म भावना से पुनः भर दिया।

भगवान राम के रूप में अवतार

लोक-मर्यादा और आदर्श के उच्च स्वरूपों को स्थापित करने के लिए भगवान विष्णु ने अयोध्या के राजा दशरथ के यहां राम के रूप में अवतार लिया। उन्होंने इस अवतार का धर्म निभाते हुए व्यावहारिक जीवन के माध्यम से लोक-मर्यादा की प्रतिष्ठा की।

इस संदर्भ में भी हिरण्याक्ष के दूसरे रूप कुम्भकरण और हिरण्यकशिपु के दूसरे रूप रावण के अत्याचारों से धरती को मुक्त करने के लिए राम का अवतार हुआ। बहुत समय पूर्व पुलस्त्य के पुत्र विश्रवा का विवाह एक दानव की रूपवती पुत्री केकसी के साथ हुआ। उसने एक बार संध्या के समय ही पत्नी के साथ रमण किया और उससे रावण, कुम्भकरण तथा शूर्पणखा नाम की लड़की उत्पन्न हुई और

फिर उसके बाद विधिपूर्वक सहवास के परिणामस्वरूप विभीषण उत्पन्न हुआ। विभीषण अच्छे आचार वाला और भगवान का भक्त था।

जैसा कि सभी असुरों द्वारा किया गया तप उन्हें दुष्ट होने तक बलशाली बनाए रखा। इसी परम्परा में रावण ने भी तप किया और शिव को प्रसन्न करके असीम शक्ति प्राप्त कर ली। उसने विष्णु को भी प्रसन्न किया और शक्ति पाने के लिए यज्ञ करने वाले ऋषियों और देवताओं को तंग करने लगा। जब दुखी होकर ऋषि-मुनि मिलकर भगवान विष्णु की शरण में गये तो भगवान ने मनु और सतरूपा को दिये गये वरदान का रहस्य उन्हें बताया और दशरथ के घर राम रूप में उत्पन्न होने की बात कही। भगवान नारायण ने देवताओं से कहा कि वे चिंता न करें वे जल्दी ही धर्म की स्थापना करेंगे।

समय आने पर भगवान विष्णु ने राम के रूप में दशरथ के यहां जन्म लिया और पहले तो किशोर अवस्था में विश्वामित्र के साथ जाकर उनके यज्ञ में विघ्न डालने वाले ताड़का और सुबाहु नाम के राक्षसों का वध किया। फिर वनवास को स्वीकार करके अन्ततः लंका पर आक्रमण करके रावण और कुम्भकरण का वध किया। फिर यहां तक हुआ कि उन्होंने अपनी प्रजा में असंतोष न फैलने के कारण एक धोबी के कहने पर अपनी पत्नी सीता का परित्याग करके उन्हें वन में भेज दिया। इस प्रकार उन्होंने लोक-रक्षा का भाव विस्तार किया।

श्रीकृष्ण रूप अवतार

भगवान विष्णु ने कंस और जरासंध बने जय-विजय के उद्धार के लिए कृष्ण रूप में अवतार लिया। किन्तु मूल रूप में यह अवतार धर्म की रक्षा के लिए और एक साथ लोकरंजन के लिए हुआ था। जब कंस और जरासंघ ने बहुत अधिक अत्याचार करने प्रारम्भ कर दिये और धर्म को नष्ट करके अधर्म फैलाया तो भगवान ने कृष्ण रूप में अवतार लिया। क्योंकि जरासंध और कंस के कारण पृथ्वी पर ऋषि मुनियों का यज्ञ, तप, तीर्थ, भजन-पूजन का कार्य ठीक तरह से नहीं चल रहा था। इन दोनों ने अपने को भगवान घोषित कर दिया था और विष्णु की पूजा निषिद्ध कर दी थी।

कंस और जरासंध के अवतारों से तंग होकर ऋषि-मुनि विष्णु की शरण में गये और अपनी दशा बताई। तब भगवान ने देवकी के गर्भ से जन्म लेना स्वीकार किया और यह भी बताया कि वे नन्द-यशोदा के यहां पलेंगे। इधर गऊ का रूप धारण करके पृथ्वी के अंश भी अवतरण की प्रतीक्षा करने लगे। कंस को पता चला कि

उसकी बहन के गर्भ से उसके मारने वाला पैदा होने वाला है तो उसने देवकी और वासुदेव को बंदीगृह में डाल दिया और उनकी सात संतानें मार दी। जब भगवान कृष्ण उत्पन्न हुए तो बन्दीगृह में ही ऐसा चमत्कार हुआ कि दरवाजे खुल गए। सारे के सारे चौकीदार सो गए और वसुदेव ने श्रीकृष्ण को टोकरी में रखकर रातोंरात यमुना पार कर नन्द और यशोदा के यहां पहुंचा दिया।

दूसरी ओर नन्द के घर इसी समय कन्या का जन्म हुआ था जिसे ले आकर वसुदेव देवकी के पास रख दिये। जब कंस को इस संतान के पैदा होने का पता चला तो उसने उस लड़की को, जो इस समय देवकी के पास उपस्थित थी, शिला पर पटक दिया। लेकिन वह इस बात की आकाशवाणी करती गई कि तुझे माने वाला कहीं और पैदा हो गया है। श्रीकृष्ण ने ब्रज में रहकर अनेक लीलाएं की और इधर कंस श्रीकृष्ण और बलराम को बढ़ते हुए जानकर बहुत चिंतित रहा। उसने अनेक राक्षस तथा अनेक शक्तिशाली सेवक कृष्ण को मारने के लिए भेजे लेकिन उन्हीं लोगों का वध हो गया।

भगवान कृष्ण शिक्षा प्राप्त करके समुद्र के बीच में ही नगर बसाने के विषय में सोचने लगे। उन्होंने द्वारका नाम की पुरी बसाई। विदर्भ के राजा की पुत्री रुक्मणी से कृष्ण का विवाह हुआ। जरासंध भी रुक्मणी से विवाह करना चाहता था पर कृष्ण के साथ विवाह की बात सुनकर उसे क्रोध आया। उसने द्वारका पर चढ़ाई कर दी और इसी लड़ाई में वह मारा गया। इस तरह भगवान विष्णु ने विभिन्न रूपों में अवतार लिया। उनके इन अवतारों के पीछे धरती पर धर्म की स्थापना और अधर्म का नाश निहित रहा है।

ऋषियों ने पूछा कि अवतारों के परिचय के बाद और स्वर्ग तथा अपवर्ग प्राप्त करने के जितने भी विभिन्न उपाय और साधनाएं है वे भी आपने हमको बताई। किन्तु अब हमें आप यह बताइए कि भगवान का वास्तविक स्वरूप क्या है? ऋषियों की इस प्रकार प्रार्थना सुनकर मुनि बोले कि एक बार भगवती पार्वती ने शंकर जी से कहा था कि भगवान विष्णु की कृपा से संसार के सभी गूढ़ तत्त्व आपको ज्ञात है और आपने मुझे उद्धार के अनेक लोक-धर्मों के विषय में बताया है। अब मैं चाहती हूं कि आप मुझे श्रीमद्भगावत् गीता के महत्त्व को बताएं क्योंकि यह भगवान के मुख से निकली हुई गीता है।

पार्वती की जिज्ञासा सुनकर भगवान शंकर ने कहा कि एक बार भगवती लक्ष्मी ने विष्णु से पूछा था कि वे क्षीर सागर में सोते रहते हैं और जो कुछ भी ब्रह्माण्ड में घटता रहता है उसकी चिन्ता नहीं करते। यह सुनकर भगवान विष्णु ने लक्ष्मी से

कहा था कि वेदव्यास के द्वारा मैने वेद शास्त्र रूपी सागर का मंथन करके गीता शास्त्र की सृष्टि की है। मैं उसके प्रभाव से तत्त्व दृष्टि से सब कुछ देख लेता हूं। मैं नींद में रहता हुआ लगता हूं किन्तु नींद में रहता नहीं हूं। भगवान के मुख से यह बात सुनकर लक्ष्मी ने फिर जिज्ञासा की कि आप तो देव, सृष्टि के संहार, उत्पत्ति तथा विकास के कारण है, आप ही सब कुछ के कर्त्ता-धर्ता हैं। आपसे भिन्न ऐसा कौन-सा ज्ञान है जिसकी सृष्टि या आविष्कार वेदव्यास ने किया है?

लक्ष्मी की बात सुनकर भगवान नारायण बोले कि ये दृश्यमान जगत और सृष्टि-संहार की स्थितियां, मेरा मायामय शरीर, यह तात्विक नहीं है। मेरा तात्विक विवेचन पूर्ण रूप से गीता में ही हुआ है। यह जान लेना चाहिए कि गीता के पहले पांच अध्याय मेरे पांच मुख हैं, फिर दस अध्याय भुजाएं, फिर एक अध्याय मेरा पेट और फिर दो अध्याय मेरे दो चरण है इस तरह यह अठारह अध्यायों वाली गीता ही मेरा प्रतिरूप हैं। भगवान शंकर पार्वती से बोले कि अब मैं तुम्हें इस एक-एक अध्याय के विषय में बताता हूं जिसकी चर्चा स्वयं भगवान ने भगवती लक्ष्मी से की थी।

प्रथम अध्याय और उसका माहाम्त्य

प्रथम अध्याय में पाप से छुटकारा निहित है। इसके विषय में एक कहानी है कि सुशर्मा नाम का एक ब्राह्मण अनेक पाप करने के बाद दण्ड स्वरूप नरक में पहुंचा दिया गया। वहां उसे यातनाएं सहनी पड़ी और फिर उसके बाद वह एक लंगड़े बैल के रूप में पैदा हुआ। लंगड़ा होने के कारण किसी ने उसे अपने पास नहीं रखा, वह असाध्य रोग से छटपटाने लगा। उसे छटपटाते हुए देखकर एक वेश्या ने उसे अपना पुण्य प्रदान किया जिससे उसके प्राण छूट गये।

द्वितीय अध्याय

दूसरे अध्याय का फल पशु योनि से मुक्त होकर उत्तम योनि की प्राप्ति में निहित किया गया है। एक देव शर्मा नाम का धर्मविद् ब्राह्मण दक्षिण दिशा में भ्रमण कर रहा था। वहां एक मुक्तकर्मा महात्मा आया और उसने देव शर्मा को आत्म-तत्त्व की शिक्षा दी। वे बोले कि गोदावरी के किनारे एक दुर्दम नाम का ब्राह्मण था और राजा विक्रम के द्वारा पालित यह ब्राह्मण केवल अपना ही पेट भरता था। इस कारण मरने के बाद उसे अनेक नरक की यातनाएं सहनी पड़ी। फिर उसका एक निम्नकुल

में जन्म हुआ तथा उसी कुल की कन्या से उसका विवाह हुआ। वह कन्या भी परपुरुष में मन लगाने वाली थी। उसने एक चाण्डाल के साथ एक कन्या को जन्म दिया जो बाद में डाकिनी बन गई। यह डाकिनी वन में घूमती हुई लोगों को खाने लगी और फिर मरकर अपने कर्मों के फल के कारण बकरी के रूप में पैदा हुई। यह बकरी मेरे पास आई और मैंने इसका पालन किया।

कुछ समय बाद एक बार मैंने एक भयंकर व्याघ्र को देखा तो मैं डर कर भाग गया लेकिन उस बकरी के पास जाकर वह व्याघ्र चुपचाप खड़ा हो गया। बकरी ने उसे अपने को खाने के लिए कहा लेकिन यह बोला कि उसकी वृत्ति बहुत सात्विक हो गई है। पता नहीं यह किस बात का प्रभाव है। उस समय दोनों को यह बात पता नहीं थी। लेकिन वृक्ष पर बैठे हुए वानरराज को उसका रहस्य मालूम था। उन्होंने बताया कि गीता के दूसरे अध्याय के प्रभाव से यह वन हिंसामुक्त हो गया है। फिर बकरी और व्याघ्र को लेकर हमने सुकर्मा के पास जाकर गीता के दूसरे अध्याय का पाठ सुना और उन्हें पशु योनि से मुक्त होकर उत्तम योनि प्राप्त हुई।

तृतीय अध्याय

इस अध्याय का महत्त्व पितरों का उद्धार करने में निहित है। इस विषय की कथा सुनाते हुए शिवजी बोले कि पुराने समय में एक ब्राह्मण ने अपने धर्म को छोड़कर व्यापार वृत्ति अपना ली थी और वह जुआ भी खेलने लगा था। उसने व्यापार से प्राप्त धन को दुष्कर्मों में लगाना प्रारम्भ किया। वह विदेश से लौटते हुए बहुत सारा धन अपने साथ ला रहा था कि लुटेरों ने उसे लूट लिया और उसे मार डाला। अपने दुष्ट कर्मों के कारण वह प्रेत योनि में उत्पन्न हुआ। उधर इस ब्राह्मण का पुत्र धर्मात्मा था। उसने पहले तो अपने पिता के आने की प्रतीक्षा की लेकिन बाद में उसने पूछताछ की और उसे सारा वृतांत पता चला। वह बहुत दुखी हुआ और उसने काशी जाकर अपने पिता के मृत्यु के उपरांत किए जाने वाले कर्मों को करने की इच्छा प्रकट की। रास्ते में जाते हुए वह उसी पेड़ के नीचे रुका जहां डाकुओं ने उसके पिता का हत्या की थी। जैसे ही उसने अपने नियमानुसार तीसरे अध्याय का पाठ किया वैसे ही अपने पिता को भयंकर आकृति में और फिर थोड़ी देर के बाद में जोमय आकृति में देखा। उसने देखा कि पिता विष्णु लोक से सवार होकर आ रहा है। उसने पिता को प्रणाम किया। पिता ने बालक को आशीर्वाद दिया और कहा कि अब काशी जाने की आवश्यकता नहीं क्योंकि तीसरे अध्याय के पाठ से वह कार्य यहीं सम्पन्न हो गया है।

चतुर्थ अध्याय

चौथे अध्याय का महत्त्व जन्म के उद्धार में निहित है। भगवान शंकर बोले कि बनारस में गंगा के किनारे भरत नामक योगी महात्मा एक मन्दिर में रहा करते थे। वे प्रतिदिन गीता के चौथे अध्याय का पाठ करते थे। एक बार यही महात्मा घूमने के लिए निकले तो अपने पड़ाव में बेर की झाड़ियों के पास बैठकर नियमानुसार विश्राम के बाद गीता के चौथे अध्याय का पाठ किया और आगे चल दिये। उनके पाठ के प्रभाव से बेर के दोनों जड़ वृक्ष, वेदपाठी ब्राह्मण के घर में दो कन्या के रूप में उत्पन्न हुए। सात साल के बाद उन दोनों कन्याओं ने घूमते हुए ऋषि को देखा तो अपने उद्धार के लिए कृतज्ञता व्यक्त करने लगी।

पंचम अध्याय

पांचवें अध्याय का महत्त्व मनुष्य के पवित्र होने में निहित हैं। भगवान शंकर पार्वती से बोले कि पुराने समय में मद्र प्रदेश में पिंगल नाम का एक ब्राह्मण रहता था। वेदों का अध्ययन छोड़कर उसने नाच-गाने में दक्षता प्राप्त कर ली और राज-दरबार में आने लगा। वहां से धन आदि मिलने पर वह उच्छृंखल हो गया। वह एक अरुणा नाम की नर्तकी से विवाह कर लिया। किन्तु वह नर्तकी बहुत स्वतंत्र थी और अपने स्वेच्छाचार में पति रूप पिंगल का बाधा समझकर उसकी घर में ही हत्या कर दी। बाद में स्वयं भी भयंकर रूप से पीड़ित होकर मरी। दूसरे जन्म में अपने पाप कर्मों के कारण पिंगल गिद्ध बना और उसकी पत्नी शुकी। जब गिद्ध ने उसे देखा तो पहले जन्म के द्वेष के कारण उसने उसे मार डाला। पहले वह उस पर झपटा और उसे घायल कर दिया। तब वह पास के तालाब के किनारे जल से भरी हुई मनुष्य की एक खोपड़ी पर गिरी। जब गिद्ध उस खोपड़ी पर झुका तो व्याघ्र ने उसका वध कर दिया। मरने के बाद जब दोनों यमलोक पहुंचे तो यमराज ने उन्हें उत्तम गति देने की बात कही। उन दोनों को बहुत आश्चर्य हुआ और उन्होंने जब इसका कारण पूछा तो बताया की खोपड़ी के जल में स्नान करने से तुम्हारे पाप नष्ट हुए हैं और यह खोपड़ी गंगा के किनारे उस बट नामक महात्मा की है जिसने गीता के पांचवें अध्याय का पाठ करते हुए प्राण छोड़े थे। यह गीता के पांचवें अध्याय का फल है।

षष्ठ अध्याय का फल

षष्ठ अध्याय का फल यज्ञ आदि से बढ़कर है और मुक्ति देने वाला है। गोदावरी के ही किनारे जानश्रुति नाम का एक धर्मात्मा राजा रहता था। उसके दान-यज्ञ

से प्रसन्न होकर स्वर्ग के देवता हंस रूप में उसे वर देने के लिए आए। आकाश मार्ग से चलते हुए जब वे आगे-पीछे हुए तो उन्होंने कहा कि जानश्रुति राजा के तेज से जो मार्ग प्रकाशित है उसी से चलना चाहिए। यह सुनकर दूसरे हंस बोले कि क्या इनका तेज महात्मा रैक्व से भी अधिक है। राजा जानश्रुति हंसों की बातचीत सुन रहे थे तो उन्होंने महात्मा रैक्व को अपने यहां लाने के लिए अपने प्रधान सारथी को भेजा। सारथी अनेक तीर्थो की यात्रा करता हुआ कश्मीर पहुंचा और उन्हें सेवा का अवसर प्रदान करने की प्रार्थना की। रैक्व बोले कि हम तो पूर्णकाम हैं फिर भी जो चाहे वह हमारी सेवा प्राप्त कर सकता है। मुनि की बात सुनकर सारथी वापस आया और राजा को सारी बात बताई। तब राजा ने बहुत सारे हीरे जवाहरात लेकर उनके दर्शन करने के लिए यात्रा की। जब वह आया तो मुनि को क्रोध आ गया और कहा कि यह धन क्यों? मुनि के क्रोध से घबराकर राजा के उनके चरण पकड़ लिये। तब राजा ने इस त्याग का कारण पूछा तो उन्होंने बताया कि यह गीता के छठे अध्याय का फल है। इससे आसक्ति से मुक्ति मिल जाती है। फिर राजा ने भी षष्ठ अध्याय के पाठ का नियम बना लिया।

सप्तम अध्याय का फल

सप्तम अध्याय के फल से मनुष्य की सुगति होती है। भगवान शंकर ने पार्वती को बताया कि शंकुकरण नाम के एक ब्राह्मण ने पाटलिपुत्र में व्यापार वृत्ति को अपनाकर बहुत धन कमाया लेकिन देव-पूजन और पितृ-तर्पण कभी नहीं किया। उसने तीन विवाह किए और जब चौथा विवाह करने के लिए जा रहा था तो रास्ते में उसे सांप ने डंस लिया। ठीक उपचार न होने के कारण वह जल्दी ही मर गया और सांप की योनि में उत्पन्न हुआ। लेकिन अपने धन के प्रति उसकी इतनी आसक्ति थी कि वह उसी पर पहरा देने लगा। उसने स्वप्न में अपने पुत्रों को धन से वंचित करने का मनोभाव बताया तो प्रातःकाल पुत्र उठकर कुदाल लेकर धरती खोदने लगे। एक पुत्र शिव शर्मा जब धरती खोद रहा था तो उसने बताया कि मैं सर्प का पुत्र हूं। इस पर सर्प योनि में पड़े शंकु-करण ने अपने उद्धार की बात कही और कहा कि गीता के सातवें अध्याय का पाठ करो, उसी से मेरी सुगति होगी। शिव शर्मा ने घर आकर भाइयों से पूछकर सप्तम अध्याय का पाठ कराया और पिता को मुक्ति दिलाई।

अष्टम अध्याय का फल

अष्टम अध्याय का फल ज्ञान की प्राप्ति और उससे बुरी योनि से मुक्त होकर उत्तम योनि की प्राप्ति में निहित है। भाव शर्मा नाम का एक दुष्ट प्रवृत्ति का, चोरी करने वाला, मांस-मदिरा खाना-पीने वाला ब्राह्मण दक्षिण प्रदेश में रहता था। मदिरा पीने के कारण एक दिन उसकी मृत्यु हो गई और फिर वह ताड़ का वृक्ष बन गया। इसी नगर में एक कुशीबल नाम का ब्राह्मण था जो अपनी कुमति नाम की स्त्री के साथ दूसरे के दानों को भी हजम कर लेता था। मर कर वे पति-पत्नी ब्रह्म राक्षस बने और इस ताड़ के पेड़ की छाया में रहने लगे। एक दिन उसकी पत्नी ने पूछा कि हमारी मुक्ति कैसे हो सकती है तो ब्राह्मण ने जवाब दिया कि ज्ञान और ब्रह्म विद्या तथा अध्यात्म तत्त्व के बिना इससे मुक्ति नहीं है। तो उसकी पत्नी बोली कि क्या वह ब्रह्म और अध्यात्म विद्या को जानता है? पत्नी को बताने के लिए वह श्लोक का पाठ आरम्भ किया। जैसे ही आधा श्लोक उसके मुख से निकला तो भाव शर्मा वृक्ष की योनि से मुक्त हो गए, और ब्रह्म राक्षस दम्पति को धन्यवाद दिया। फिर उसने प्रतिदिन अष्टम अध्याय के पाठ का नियम बना लिया।

नवम अध्याय का फल

नवें अध्याय के फल में दैहिक, भौतिक आपत्तियों से छुटकारा पाना निहित है। एक बार महिष्मती नगरी में नर्मदा नदी के किनारे माधव नाम का व्यक्ति रहता था। उसने महान यज्ञ का अनुष्ठान किया और बलि के लिए बकरे का विधान हुआ। लेकिन जब उसकी पूजा की जा रही थी तो वह बकरा अचानक ही हंसने लगा और हंसते हुए बोला कि ऐसे यज्ञों से क्या लाभ जो जीव की सिद्ध करें। इनका फल मुक्ति उत्तम कुल में जन्म और स्वर्ग प्राप्ति है। जब ब्राह्मणों ने बकरे की वाणी सुनी तो उन्होंने इसका परिचय पूछा। वह बोला कि मैं पहले जन्म में कुलशील ब्राह्मण था मेरी पत्नी ने पुत्र की कामना से दुर्गा पर बलि चढ़ाने के लिए मुझसे एक बकरा मांगा। जब मैं बकरा लाया तो बकरे की मां ने मुझे बकरा होने का शाप दिया। इसके बाद बकरा बोला कि एक घटना और है। एक बार सूर्य ग्रहण के अवसर पर चन्द्र शर्मा राजा ने अपने पुरोहित को काल पुरुष का दान किया। काल फल पुरुष के हृदय से निकलकर चाण्डाल रूप वाले पाप और निंदा पुरोहित पर आक्रमण करने लगे। तब पुरोहित ने अपने स्वभाव के कारण गीता के नवम अध्याय का पाठ किया। इस पाठ के फलस्वरूप वे दोनों चाण्डाल और चाण्डालनी डर कर भाग गये।

दशम अध्याय का फल

भगवान शंकर ने पार्वती को बताया कि काशीपुर में धीरबुद्धि नाम का एक ब्राह्मण रहता था। जब वह कभी चलता था तो स्वयं मैं उसे अपने हाथ का सहारा देता था। एक बार मेरे गण ने मेरी उसके प्रति इतनी कृपा के विषय में मुझसे पूछा तो मैंने बताया कि उसने कई पुण्य कर्म किए है। एक बार जब मैं कैलाश पर्वत पर आराम से बैठा था तो बहुत आंधी उठी और चारों ओर हलचल हो गई। आकाश गहरा काला हो गया। तभी आकाश से एक काले वर्ण का पक्षी नीचे उतरा और उसने मेरे चरणों में एक कमल अर्पित करते हुए मेरी स्तुति की। जब मैंने उससे परिचय पूछा तो उसने कहा कि मैं ब्रह्मा जी का हंस हूं और कमलों के सरोवरों के ऊपर उड़ता हुआ अचानक नीचे गिर पड़ा हूं। मेरा शरीर काला हो गया है।

उस पक्षी ने आगे बताया कि मेरे अपने गिरने और रंग परिवर्तन का क्या कारण है, यह विचार कर ही रहा था कि पांच कमलों से ढकी हुई एक कमलिनी ने मुझे बताया कि यह इस बात के कारण है कि मैंने उसकी उपेक्षा की। इसके बाद वह बोली कि इस जन्म के पूर्व मैं बहुत सुन्दर मुख वाली ब्राह्मण की कन्या थी और हमेशा पति-सेवा में रहती थी लेकिन एक दिन मैना को पढ़ाते हुए मेरे द्वारा पति की उपेक्षा हो गई। पति इससे नाराज हो गये और उन्होंने मुझे मैना होने का शाप दिया। जब मैं मर गई तो मैं मैना बनी किन्तु जिस मुनि कन्या ने मेरा पालन किया, वह रोज गीता के दशम अध्याय का पाठ करती थी। उसके पुण्य के कारण मैं पद्मावती नाम की अप्सरा बनी।

एकादश अध्याय का फल

एकादश अध्याय के फल में मुक्त होने का विधान नहीं है। एक बार प्रणीता नदी के किनारे एक अत्यन्त वैभवशाली नगर बसा हुआ था। उस मेधांकर नाम के नगर में सुनन्द नाम का विष्णु-भक्त रहता था। वह प्रतिदिन गीता के ग्यारहवें अध्याय का पाठ करता था। ऐसा करते हुए वह कुछ साथियों के साथ तीर्थ-यात्रा को गया। घूमते -घूमते वह विवाह-मण्डप नामक नगर में आया तो वहां के मुखिया ने ठहरने के लिए एक धर्मशाला खोल दी। लेकिन प्रातःकाल सुनन्द के साथी वहां उसे नहीं मिले। सुनन्द इस बात पर आश्चर्यचकित था लेकिन ग्राम के निवासी उसको जीवित देखकर आश्चर्य में पड़े हुए थे। कुछ समय बाद मुखिया ने अपने पुत्र के एक मित्र को धर्मशाला में ठहराया तो उसका बेटा भी रात में वहीं ठहर गया। सवेरे मुखिया

ने देखा कि उसका पुत्र भी राक्षस का ग्रास बन गया है। वह रोता हुआ ब्राह्मण के पास आया और पुत्र की मृत्यु का समाचार सुनाया। ब्राह्मण बोला कि ग्यारहवें अध्याय का पाठ करके वह जल को राक्षस पर छिड़के जिससे उसका बालक उसे मिल जाएगा। यह बात सुनकर ब्राह्मण ने राक्षस के वृतांत को जानना चाहा तो राक्षस बोला कि पहले जन्म में यह एक किसान था। इसके खेत में गिद्ध किसी मनुष्य को खा रहा था तो इसने अनदेखा कर दिया और फिर जब कोई दूसरा ब्राह्मण उसे बचाने दौड़ा तो वह गिद्ध उसे उठाकर आकाश में ले गया। महात्मा ने उसे राक्षस बनने का शाप दिया। जब राक्षस के अत्याचार से मुक्ति के लिए हमने इसे रोज एक व्यक्ति देने का प्रस्ताव किया तो इसने सामूहिक हत्या बन्द कर दी। इसी ने आपके साथियों को अपना आहार बनाया। ब्राह्मण ने यह बात सुनकर एकादश अध्याय से अभिमंत्रित पानी उस पर छोड़ा तो राक्षस की देह दिव्य हो गई। राक्षस के द्वारा मारे गये सभी लोग जीवित होकर विष्णु लोक को चले गये।

द्वादश अध्याय का फल

एक बार कोलापुर नाम के एक नगर में एक राजकुमार आया और मणिकंठ तीर्थ में पिता का तर्पण किया। उसने महालक्ष्मी को प्रसन्न कर लिया था तो महालक्ष्मी ने दर्शन देकर उसे वर मांगने के लिए कहा। इसके उत्तर में राजकुमार ने श्रद्धापूर्वक निवेदन किया कि मेरे पिता अश्वमेघ यज्ञ करते हुए रोग से ग्रस्त होकर मृत्यु को प्राप्त हुए हैं। उनके स्वर्गवास के बाद मेरा घोड़ा चोरी चला गया है। मैं उसे नहीं ढूंढ पा रहा हूं। तब यह सुनकर भगवती ने कहा कि मेरे मन्दिर के द्वार पर रहने वाला एक सिद्ध समाधि ब्राह्मण है। मैं उसे आदेश दूंगी और वह तुम्हारा कार्य कर देगा। भगवती की कृपा से राजकुमार उस ब्राह्मण की सेवा में उपस्थित हुआ। उसके सामने आते ही उसने राजकुमार से भगवती से हुई उसकी सारी बातें बताईं। फिर उसने कहा कि मंत्र के बल से देवों को आकर्षित किया जाये। मंत्र के बल से कांपते हुए देवता आए और उन्हें सामने देखकर ब्राह्मण ने इन्द्र को आदेश दिया कि तुम इसका चुराया हुआ घोड़ा वापस कर दो। इन्द्र ने उसी समय उसकी आज्ञा का पालन किया। जब राजकुमार ने यह देखा तो उसके आश्चर्य का ठिकाना नहीं रहा, उसने कहा कि मैंने अपने पिता के शव को तेल में रख छोड़ा है यदि वह जीवित हो जाए तो अपना यज्ञ अपने आप पूरा कर सकते हैं। बालक की प्रार्थना पर ब्राह्मण उनके साथ यज्ञ-मण्डप पर गया और उसने अभिमंत्रित जल शव पर छिड़का। इससे राजा जीवित हो गया। जब उसकी इस अद्भुत शक्ति के विषय में पूछा गया तो उसने बताया कि वह निरन्तर गीता का द्वादश अध्याय का पाठ करता है।

त्रयोदश अध्याय का फल

इस अध्याय का फल दुराचार से मुक्ति में निहित है। भगवान शंकर बोले कि तुंगभद्रा नदी के किनारे हरिदीक्षित नाम का एक ब्राह्मण रहता था। उसकी पत्नी का नाम दुराचारा था और वह दुराचारिणी थी। वह अपने पति की उपेक्षा करके दूसरे पुरुषों के साथ रति कर्म में लीन रहती थी। एक रात वह एकांत वन में किसी की प्रतीक्षा कर रही थी तो एक व्याघ्र ने उस पर प्रहार किया। तब उस दुराचारा ने कहा कि कामातुर प्राणी का वध नहीं करना चाहिए। तब व्याघ्र बोला कि मैं पहले जन्म में ब्राह्मण था और धन के लोभ में दुष्ट व्यक्तियों को भी यज्ञ करा दिया करता था और दूसरों का दान अपने लिए हड़प लेता था। मेरी लोभी वृत्ति बहुत अधिक थी, इसी कारण मुझे यह व्याघ्र योनि मिली। मैं इस योनि में सदाचारी लोगों को तो छोड़ देता हूं लेकिन दुराचारी को नहीं छोड़ता। यह कहकर उसने उसे फाड़ डाला। मरने के बाद वह स्त्री अनेक नरकों में तड़पती रही और फिर चाण्डाल योनि में पैदा होकर अनेक रोगों से ग्रस्त हो गई। इस तरह घूमते हुए वह एक दिन हरिहरपुर में आ गई। वहां उसने एक मन्दिर में वासुदेव नाम के एक ब्राह्मण के दर्शन किए। वह ब्राह्मण नियमित रूप से त्रयोदश अध्याय का पाठ किया करता था। उसके दर्शन से और उसके मुख से पाठ सुनते ही वह चाण्डाल योनि से मुक्त होकर स्वर्ग चली गई।

चतुर्दश अध्याय का फल

पुराने समय में बेताल नाम का एक राजा सिंघल द्वीप में रहता था। वह अपने राजकुमारों के साथ शिकार खेलने के लिए गया तो उसने अपनी कुतिया खरगोश के पीछे छोड़ दी। खरगोश भागता-भागता उस जंगल में पहुंच गया जहां पर शेर, चीते, भालू और हिरण बैर-भाव भूलकर रहा करते थे। यह वहां रहने वाले महात्मा वत्स का प्रभाव था। महात्मा वत्स गीता के चतुर्दश अध्याय का पाठ किया करते थे। दौड़ता हुआ खरगोश वत्स के एक शिष्य के पैर के पास जा गिरा और उस जल में, जहां वह अपने पैर धोया करते थे, कुतिया भी जाकर गिर पड़ी। वहां गिरने से दोनों की मुक्ति हो गई।

राजा भी इस समय वहीं पहुंच गया और उसे आश्चर्य हुआ तो मुनि के शिष्य ने उसे समझाया कि जंगल में मुनि के प्रभाव से प्राणियों में बैर भाव नहीं है क्योंकि वे चौदहवें अध्याय का पाठ करते हैं।

पंचदश अध्याय का फल

एक नृसिंह नाम का बुद्धिमान और शूरवीर राजा गौड़ देश में रहता था। उसका सेनापति राजकुमारों के साथ ही राजा को मारकर शासक बनना चाहता था किन्तु बीमार होकर मर गया। उसे मानसिक पाप की ग्लानि हुई जिसके फलस्वरूप वह घोड़े की योनि में उत्पन्न हुआ किन्तु घोड़े के रूप में भी वह अच्छे लक्षणों से युक्त था इसलिए उसे एक बनिए ने खरीद लिया और नृसिंह राजा के हाथ बेच दिया। इसी घोड़े पर बैठकर राजा शिकार खेलने के लिए गया। वह वन में अकेला था और भूख-प्यास से व्याकुल होकर घोड़े को एक पेड़ के नीचे बांधकर पानी की खोज में निकल पड़ा। पानी को खोजते-खोजते उसे एक पत्ता मिला जिस पर गीता के पन्द्रहवें अध्याय का एक श्लोक लिखा था राजा ने जैसे ही उस श्लोक का उच्चारण किया वैसे ही घोड़ा मर गया और स्वर्ग को चला गया। आगे आकर राजा ने देखा कि विष्णु शर्मा नाम के महात्मा पन्द्रहवें अध्याय का जाप कर रहे थे। उन्होंने राजा के घोड़े के पूर्व जन्म का वृतांत बताकर उसके उद्धार की बात बताई। राजा के सैनिक वहीं आ गये और वापस आकर राजा ने अपने पुत्र को सिंहासन पर बैठा दिया और फिर निरन्तर गीता के पन्द्रहवें अध्याय का पारायण करने लगा। जिस कारण वह मोक्ष को प्राप्त हुआ।

षोडष अध्याय का फल

महादेव शंकर ने बताया कि सौराष्ट्र नगर में खड्गबाहू नाम का एक राजा था। उसके पास अरिमर्दन नाम का एक हाथी था। वह हाथी एक बार पागल होकर उत्पात करने लगा। वह राजमार्ग पर इधर-उधर भागने लगा और उसको रोकने वालों की उसके सामने एक न चली। तमाम लोग इधर-उधर भागने लगे। जब राजा को इसकी सूचना मिली तो वह अपने पुत्रों के सहित वहां आया लेकिन इस दृश्य को देखकर किसी की भी इस हाथी के पास जाने की हिम्मत नहीं हुई। उसी समय एक ब्राह्मण अपने मुख से किसी मन्त्र का जाप करता हुआ वहां आया और वह हाथी के पास जाने लगा। लोगों ने उसको रोका किन्तु कुछ ही क्षण बाद देखा ब्राह्मण के स्पर्श से वह हाथी पालतू कुत्ते की तरह व्यवहार करने लगा। राजा ने जब ब्राह्मण की शक्ति के विषय में पता किया तो उसने बताया कि यह गीता के सोलहवें अध्याय के पाठ का प्रभाव है। तब राजा ने ब्राह्मण को विधिपूर्वक सम्मानित किया और सोलहवें अध्याय का पाठ तथा उसका तत्त्व-ज्ञान सीखा।

सप्तदश अध्याय का फल

महादेव ने पार्वती से कहा कि पुराने समय में एक राजा खड्गसिंह हुआ करते थे। उनका एक बेटा दु:शासन राजकुमारों के साथ हाथी पर चढ़कर प्रजा पर अत्याचार किया करता था। एक बार वह हाथी से नीचे गिर पड़ा और कुचला गया। मरने के बाद हाथी की योनि में ही उत्पन्न हुआ। सिंगल द्वीप के राजा की मित्रता महाराजा खड्ग सिंह से हुई इसलिए उन्होंने पानी के मार्ग से अपने इस हाथी को खड्ग सिंह के पास भेज दिया। खड्ग सिंह ने यह हाथी किसी कवि को भेंट कर दिया और कवि ने सौ स्वर्ण मुद्राएं लेकर इस हाथी को मानव नरेश के यहां बेच दिया। कुछ समय बाद वह हाथी मर गया। मरने से पूर्व उसकी बुरी अवस्था और रोग के विषय में खड्ग सिंह को सूचना दी गई। राजा खड्ग सिंह वैद्यों के साथ वहां आया। इस पर हाथी ने उनसे कहा कि मेरा रोग दवाइयों से दूर नहीं होगा। आप कृपा करके-भगवत गीता के सप्तदश अध्याय का पाठ करने वाले ब्राह्मण को बुलवाइए। राजा ने फिर वैसा ही किया। गीता-पाठ सुनकर उस पानी को हाथी पर छिड़क दिया। ब्राह्मण द्वारा गीता का सप्तदश अध्याय के पाठ के प्रभाव से राजा को भी परम पद प्राप्त हुआ और उसकी सहज मुक्ति हो गई।

अष्टदश अध्याय का फल

भगवान शंकर ने पार्वती से कहा कि गीता का अठारहवां अध्याय अविद्या का नाश करने वाला, मोक्षदायक और संसार की यातना को नष्ट करने वाला है। इसके विषय में मैं एक कथानक सुनाता हूं।

विश्वकर्मा के द्वारा बनाई गई देवपुरी में देवराज इन्द्र शचि के साथ बैठे हुए थे तो विष्णु के दूत वहां आए और उन्होंने इन्द्र को सिंहासन से हटा दिया। एक नये पुरुष को उस पर बिठा दिया। वहां उपस्थित अप्सराएं, गन्धर्व, किन्नर उस नये इन्द्र के स्वागत में नृत्यगान करने लगे। इन्द्र ने सोचा कि जिस व्यक्ति को यह पद मिला है उसने कोई भी तो पुण्य कर्म नहीं किया, यज्ञ आदि नहीं किए और कोई अलौकिक कर्म नहीं किया फिर इसे यह पद कैसे प्राप्त हुआ। इन्द्र ने भगवान विष्णु की शरण में जाकर अपनी जिज्ञासा व्यक्त की और पूछा कि मुझे- जिसने आपको प्रसन्न करने के लिए सौ अश्वमेध यज्ञ किए, उसे -आपने हटाकर यह इन्द्र पद किसको दिया है? मुझे यह बताइए कि इसने कौन-सा पुण्य कर्म किया है? यह सुनकर भगवान ने

उत्तर दिया कि इस व्यक्ति का सबसे बड़ा पुण्य गीता के अष्टादश अध्याय का नियमित पाठ है। इस पाठ के कारण ही इसे इन्द्र पद की प्राप्ति हुई है। तुम भी ऐसा ही कर सकते हो। भगवान से यह वचन सुनकर इन्द्र ब्राह्मण के वेश में गोदावरी नदी के किनारे आया और उसने एक ब्राह्मण के पास आकर अठारहवां अध्याय पढ़ा। उसके प्रभाव के कारण इन्द्र के मन में उत्तम भाव जागृत हुए और उसने अपने राज्य की आकांक्षा भी त्याग दी। इस तरह उसने भगवान विष्णु की सायुज्य भक्ति को प्राप्त किया।

भगवान शंकर ने गीता के अठारह अध्यायों का फल बताकर यह कहा कि यह भगवत गीता उपनिषद रूपी गउओं से भगवान ने स्वयं अर्जुन के लिए अमृत रूपी दूध को दोहन किया है। इस अमृत रूपी दूध का सेवन कोई भाग्यशाली ही कर सकता है। यह गीता उपनिषदों का सार और महाभारत का तत्व-ज्ञान है यह वह अमृत है जिसे पान कर मनुष्य शोक से छुटकारा पा लेता है और विष्णु लोक को प्राप्त होता है। गीता के ज्ञान में डुबकी लगाने से मनुष्य के जन्म-जन्मांतरों के संचित पाप हमेशा के लिए धुल जाते हैं। गीता के लिए कहा गया है कि यह केवल एक ही शास्त्र है जो भगवान कृष्ण की महिमा से मंडित है और श्रीकृष्ण ही इसके द्वारा प्रतिपादित एकमात्र जगदीश्वर और आराध्य हैं। भगवान श्रीकृष्ण के अनेक नामों के जपने से मनुष्य को परम पद की प्राप्ति होती है। इस तरह गीता के महत्त्व को बताकर भगवान शंकर भगवान नारायण का ध्यान करने लगे। पार्वती गीता के दिव्य ज्ञान को सुनकर अत्यन्त प्रसन्न हुई और भगवान कृष्ण की मोहिनी मूर्ति का ध्यान करके भक्ति भाव से भर गई।

इस प्रकार व्यास ने ऋषियों को गऊ की पूजा और गुरु के वचनों में आस्था रखने वाले राजा दिलीप का वृतांत सुनाया। राजा दिलीप वैवस्वत मनु के वंश में पैदा हुए थे। वे अत्यन्त प्रतापी तथा प्रजा के पालक थे। उनकी पत्नी भी उदारता और कोमलता की मूर्ति थीं। राजा दिलीप ने वर्षों पर्यंत गृहस्थ जीवन का कर्त्तव्य-पालन किया किन्तु उन्हें बहुत अधिक सुख नहीं मिल पाया क्योंकि उनकी कोई संतान नहीं हुई तब दिलीप ने अपने गुरु वशिष्ठ के पास जाकर अपने संतानहीन होने का कारण पूछा। वशिष्ठ ने अपनी योग समाधि से इस रहस्य को जानकर राजा दिलीप से कहा कि एक दोष के कारण तुम्हें संतान सुख नहीं मिल रहा है क्योंकि एक बार तुम इन्द्र से मिलकर जब अपनी पत्नी के साथ घर लौट रहे थे तब तुम्हें इतनी जल्दी थी कि तुमने कल्पवृक्ष के नीचे खड़ी हुई कामधेनु की ओर ध्यान नहीं दिया। न तो उसकी चरण रज ली और न उसकी प्रदक्षिणा करके उसको प्रणाम किया। इससे क्रोधित

होकर उसने तुम्हें नि:संतान होने का शाप दे दिया। अब कामधेनु की पुत्री मेरे पास है। तुम इसकी पूजा करो। तुम्हें फल प्राप्त हो जायेगा।

राजा दिलीप ने अपनी पत्नी को आश्रम में छोड़ा और नन्दिनी की सेवा में लग गये। उन्होंने उसकी बहुत सेवा की। यहां तक कि उनका चलना-फिरना सब नन्दिनी के अनुसार ही होता था। नन्दिनी के सोने पर सोना और जागने से पूर्व जागना जैसा तप राजा ने किया। कुछ समय बाद नन्दिनी एक दिन घूमती हुई पर्वत की चोटी पर पहुंच गई। वहां राजा दिलीप प्राकृतिक सौन्दर्य को देखने लगे। अचानक एक शेर नन्दिनी पर झपटा और जब नन्दिनी चिल्लाई तो दिलीप ने अपने धनुष-वाण से उसको मारना चाहा। लेकिन राजा ने जैसे ही धनुष छोड़ने की तैयारी की तो राजा का शरीर जड़ हो गया। राजा दिलीप को इस हालत में देखकर शेर बोला कि मैं तुम्हें अच्छी तरह जानता हूं। मैं तुम्हें यह बता दूं कि मैं शिवजी का एक गण हूं। माता पार्वती ने मुझे पुत्र की तरह पाला है और यह आदेश दिया है कि इस वन में जो भी कोई पशु आए, मैं उसे अपना भोजन बना सकता हूं। यह सुनकर राजा ने कहा कि मैं जानता हूं कि तुम अपनी माता की आज्ञा का पालन कर रहे हो पर मैं तुम्हारा यह कहना नहीं मान सकता कि मैं संघर्ष न करूं और इस गाय को छोड़कर चला जाऊं। तुमने कहा कि तुम्हारे साथ युद्ध करके मुझे प्राण देने पड़ेंगे। राजा दिलीप ने कहा कि मैं यह भी बता दूं कि यह गाय साधारण गाय नहीं है। यह गुरु वशिष्ठ की गाय है। मैं इसकी सेवा संतान-प्राप्ति के लिए कर रहा हूं। यह गाय मेरे पास मेरे गुरु की धरोहर हैं। तुम इसके बदले मुझे अपना भोजन बना लो। यह कहकर दिलीप उस शेर के सामने बैठ गये और अपना भोजन बनाने का अनुरोध करने लगे। लेकिन थोड़ी देर में राजा के ऊपर फूलों की वर्षा होने लगी और नन्दिनी ने उसको उठने के लिए कहते हुए कहा कि मैंने ही सिंह का रूप धारण करके तुम्हारी परीक्षा ली थी। अन्यथा महामुनि वशिष्ट के तप के प्रभाव से यमराज मेरा कुछ बिगाड़ नहीं सकते। हे राजन्! मैं तुम पर प्रसन्न हूं। तुम अपनी इच्छा व्यक्त करो। यह सुनकर दिलीप बोले कि आपसे तो कुछ भी छिपा हुआ नहीं है। मैं पुत्र की प्राप्ति के लिए आपसे निवेदन करता हूं। आप चाहें तो मुझे यह वर देने की कृपा करें। नन्दिनी ने राजा को अभिलाषा पूरी होने का वर दिया और उस आशीर्वाद से दिलीप के यहां रघु का जन्म हुआ।

इस कथा को सुनकर ऋषियों ने आगे कहा कि हे भगवन्! आपने हमें यह सब कुछ तो बताया लेकिन हम एक बात जानना चाहते हैं और यदि आप क्रोधित न हों तो हमें यह बताइए कि भगवान शंकर का लिंग और योनि रूप क्यों है और त्रिलोचन जैसा रूप भी उन्होंने क्यों धारण किया है? ब्रह्मा के पांच मुख क्यों हैं?

और विष्णु के चार हाथ किस कारण है? हमारे देवताओं का यह अति प्राकृत रूप क्यों है? हमें इस विषय में संक्षेप में बताने की कृपा करें। महाराज दिलीप ने सबसे पहले यह प्रश्न वशिष्ठ जी से पूछा तो उन्होंने उत्तर दिया कि एक बार स्वयंम्भू मनु ने ऋषि-मुनियों के साथ मिलकर एक बहुत बड़ा यज्ञ किया था। उस यज्ञ में बड़े-बड़े सिद्ध महात्मा और देवता पधारे थे। अनेक ऋषि-महर्षि भी सम्मिलित हुए थे। तब वहां पूजा के लिए यह प्रश्न उठा कि इन देवताओं में सर्वश्रेष्ठ देवता कौन है और किसमें सबसे अधिक पूजनीय होने की शक्ति है। वहां पर उपस्थित ऋषियों ने अपने अलग-अलग मत व्यक्त किए। किसी ने ब्रह्मा को, किसी ने सूर्य को और किसी ने भगवान शंकर को सर्वश्रेष्ठ बताया, किन्तु मनु ने अपने परम आराध्य भगवान विष्णु को ही सर्वश्रेष्ठ घोषित किया। जब यह निर्णय सर्वसम्मति से नहीं हुआ तो भृगु जी को निर्णायक बनाया गया और कहा गया कि वे बताएं कि इनमें सर्वश्रेष्ठ देवता कौन है?

महामुनि भृगु ने कोई भी निर्णय देने से पहले अपने मन में यह विचार किया कि मुझे इन देवताओं की परीक्षा लेनी चाहिए। वह इसके लिए तैयार हुए। वे वायु मार्ग से सबसे पहले शिवजी के यहां गये और वहां उन्होंने बाहर बैठे हुए नन्दी को कहा कि वह शिव को मेरे आगमन की सूचना दे दे। तब नन्दी ने उनसे कहा कि भगवान शंकर तो पार्वती के साथ विहार कर रहे हैं इसलिए आप से नहीं मिल सकते। फिर किसी प्रकार भृगु ने बहुत विनयपूर्वक नन्दी के द्वारा अपने आगमन की सूचना शिव को भिजवाई लेकिन उन्हें कई दिनों तक वहां उनसे भेंट करने के लिए कैलाश पर प्रतीक्षा करनी पड़ी। इस पर भी शिव ने ऋषि से मिलने के लिए कोई आतुरता नहीं दिखाई। जब भृगु ने शिव के इस नारी संग रूप को अनुभव किया तो उन्होंने शिव को योनि लिंग रूप हो जाने का शाप दे दिया। भृगु ने यह भी विधान किया कि आये हुए ब्राह्मण की सेवा न करने के कारण शिव को सौंपे गये अन्न, फूल और फल त्याज्य समझे जाएंगे। यह सुनकर शिव नाराज हुए और त्रिशूल लेकर भृगु को मारने दौड़े। पार्वती ने बहुत निवेदन करके उन्हें बचाया। इसी बीच शिव के माथे पर एक तीसरा नेत्र हुआ तो भृगु ने हंसकर कहा मेरा शाप नष्ट नहीं होगा और तुम इसी तरह रहोगे।

इसके बाद भृगु मुनि ब्रह्मा की परीक्षा लेने के लिए चले। ब्रह्मा देवताओं से घिरे हुए बैठे थे। भृगु ने उन्हें प्रणाम किया और आसन पर बैठ गये। इस समय ब्रह्मा ने भृगु के प्रणाम पर कोई ध्यान नहीं दिया। ब्रह्मा ने न तो उनका स्वागत-सत्कार किया और न ही उनकी कुशल पूछी। भृगु ने उनके इस व्यवहार को देखकर उन्हें विकृत मुख वाला और अपूजनीय होने का शाप दे दिया।

इसके उपरांत महामुनि भृगु विष्णु की परीक्षा लेने के लिए क्षीर सागर पहुंचे। वहां भगवान विष्णु आनन्द से लक्ष्मी के साथ विराजमान थे। लक्ष्मी उनकी सेवा कर रही थी लेकिन भृगु को उनके अन्तःपुर में जाने से किसी ने नहीं रोका। जब वह अन्तःपुर में प्रवेश कर गये तो उन्होंने बिना किसी कारण के सोते हुए विष्णु पर अपने दायें पैर से आघात किया। अपना दायां पैर विष्णु की छाती पर दे मारा। विष्णु ने कोई संतुलन नहीं खोया और न वे क्रोधित हुए। अपितु भृगु के चरण पकड़कर दबाने लगे। विष्णु ने भृगु के चरण स्पर्श को अपने लिए बहुत सौभाग्य माना और बार-बार उनकी इस क्रिया के लिए आभार प्रकट किया। भृगु ने विष्णु के इस व्यवहार पर उन्हें देवों में सर्वप्रथम और पूज्यतम बताया और विष्णु को समर्पित सामग्री को भी उन्होंने प्रसाद के रूप में खाने योग्य बताया।

विष्णु से अनुमति लेकर भृगु यज्ञ सभा में आ गये और उन्होंने वहां अपनी परीक्षा निर्णय को ऋषियों को बताया और सब ने भृगु के निर्णय को सर्वसम्मति से स्वीकार किया। यह सब कुछ कहने के बाद व्यास ने कहा कि हे ऋषि-मुनियों! भगवान विष्णु ही देवों के देव और पूजनीय हैं। उनकी पूजा करने में जीव का कल्याण है।

क्रियायोग सार

महात्मा भीष्म ने पुलस्त्य मुनि से कहा कि आपने अनेक प्रकार से मुझे भगवान विष्णु के महत्त्व और इनके साथ जुड़ी हुई अनेक कथाओं की गंगा में स्नान कराया है। मैं यह सब सुनकर जैसे अमृत पान कर रहा हूं और उसे बार-बार पान करना चाहता हूं। मेरी आपसे प्रार्थना है कि आप मुझे हरि की वह दिव्य कथा सुनाने की कृपा करें जिससे जीवन का फल प्राप्त होता है। क्योंकि भगवान नारायण ही मनुष्य की क्रिया के और उसके योग के सार हैं। मुझे आप बताइए कि उन्होंने किस तरह मधु और कैटभ को मारा और किस प्रकार देवताओं तथा ऋषि मुनियों की रक्षा की।

भीष्म की इस जिज्ञासा को सुनकर पुलस्त्य ने कहा कि भगवान नारायण की कथा अनुरक्ति होना पूर्व जन्म के पुण्य कर्मों का फल ही होता है अन्यथा भगवान में भक्ति का भाव उत्पन्न नहीं होता।

बहुत प्राचीन समय की बात है कि अनेक मुनि मिलकर नैमिषारण्य में आपस में विचार-विमर्श कर रहे थे। उसी समय वहां पर सूतजी आ गये। सूतजी बहुत तेजस्वी, यशस्वी और परम वैष्णव भक्त हैं। सूतजी को आया हुआ देखकर शौनक आदि ऋषि बहुत प्रसन्न हुए और उन्होंने सूतजी का खड़े होकर स्वागत किया। उन्हें

सुन्दर आसन दिया और बार-बार नमस्कार किया। फिर उन्होंने उनसे प्रार्थना की कि हे महर्षि! इस कलियुग में लोगों की आयु बहुत कम होती है और उनके पास धन भी नहीं होता इसलिए शास्त्रों के द्वारा बताये गये अनेक कर्म-काण्ड वे नहीं कर सकते। किन्तु यदि मनुष्य सत्कर्म नहीं करेगा तो उसके पुण्यों का क्षय हो जायेगा और वह दुष्कर्म करने लगेगा। अतः आप कोई ऐसा साधन बताएं जहां बहुत कम कठिनाई से महान फल प्राप्त करने वाला कर्म हो सके। सूतजी ने कहा कि एक बार इसी प्रकार का प्रश्न भगवान व्यास देव से योगी जैमिनी ने पूछा था। वही संवाद और तत्त्व मैं आपकों बता देता हूं।

जैमिनी की जिज्ञासा को शांत करते हुए भगवान व्यास ने बताया था कि भगवान विष्णु की सत्य कथाओं को सुनना मोक्ष की प्राप्ति का एकमात्र आधार है। वैष्णव भक्तों की वार्ता और भगवान की कथा में जो मनुष्य आसक्ति नहीं रखता वह महा पापी होता है।

भगवान विष्णु से जुड़ी कथाओं को मिथ्या मानने वाला मनुष्य पापियों का शिरोमणि होता है। विष्णु की कथा से हीन मनुष्य का जीवन निस्सार होता है और प्राणी का जीवन निरर्थक हो जाता है। विष्णु की कथा ही विघ्न-बाधाओं-पापों का नाश करने वाली होती है और उनसे विपतियां दूर होती हैं। विष्णु की कथा ही जीव में सच्ची बुद्धि पैदा करती है। विष्णु ही सृष्टि के आरम्भ में सृष्टि के कर्ता बने। उनमें ही 'एकोऽहं बहु स्याम्' की भावना उत्पन्न हुई अर्थात् मैं एक हूं और अनेक हो जाऊं।

भगवान विष्णु ही सृष्टि-कर्त्ता, पालन-कर्ता और संहार-कर्ता के रूप में त्रिमूर्ति हैं। किन्तु सार रूप में ये एक ही हैं। उनके इन तीनों रूपों को ही अलग-अलग ब्रह्मा, विष्णु और शिव कहा जाता है। इन तीनों में नारायण रूप से वे स्वयं विराजमान रहते हैं। अतः इनमें कोई भेद-दृष्टि नहीं होनी चाहिए।

भगवान विष्णु की आद्या प्रकृति विश्व का मूल कारण है। विष्णु की प्रकृति दो प्रकार की है—विद्या और अविद्या। अविद्या का रूप माया और विद्या का रूप-ज्ञान अथवा तत्त्व-बोध कहलाता है। यह प्रकृति सनातन भावरूपिणी है। इस प्रकृति ने ही नारायण के तीन रूप धारण करने पर ब्राह्मी, लक्ष्मी और उमा रूप धारण किए। भगवान नारायण जगत की सृष्टि, रक्षा और संहार की व्यवस्था करके स्वयं अन्तर्हित हो जाते हैं।

इस तरह हे जैमिनी! विष्णु का यह सार-रूप माहात्म्य है और इसे जान लेना चाहिए। ब्रह्मा ने विष्णु के आदेश से ही सृष्टि का निर्माण किया। जैसा कि पहले भी बताया जा चुका है इस सृष्टि का क्रम इस प्रकार है। सर्वप्रथम पृथ्वी, जल, वायु,

आकाश और अग्नि- पंच महाभूतों का सृजन किया। इसके बाद भू-लोक, भुवःलोक, स्वःलोक, महःलोक, जनःलोक तथा सत्यलोक का और सात पृथ्वी के नीचे के लोकों -अतल, वितल, सुतल, तलातल, महातल, रसातल और पाताल -का सृजन किया। जिस प्रकार भूलोक के ऊपर भुवःलोक के ऊपर स्वलोक, उसके ऊपर महःलोक और इसी क्रम से सबसे ऊपर सत्यलोक है, इसी प्रकार अतल के नीचे वितल, वितल के नीचे सुतल के क्रम से सबसे नीचे पाताल है। इसके पश्चात् ब्रह्मा ने देवों के विलास के लिए पृथ्वी-मण्डल के मध्य भाग में सुवर्ण के समान भास्वर रत्न जटित एक महान पर्वत का और उसके अतिरिक्त मन्दर, चरम, उदयांचल, त्रिकुट आदि अन्य अनेक पर्वतों का सृजन किया। परमेश स्वयम्भू ने इस सारे विधान के उपरान्त लोकालोक पर्वत की रचना करके उनके मध्य लवण, इक्षु, दधि तथा घृतादि सात सागरों और जम्बू, प्लक्ष तथा शाल्मलादि सात द्वीपों की रचना की। ब्रह्मा ने प्रत्येक द्वीप में वृक्ष, गुल्म तथा लतादि का भी सृजन किया। इस तरह प्रकृति का यह विराट् रूप अपने अस्तित्व में आया।

इसके बाद ब्रह्मा ने चेतन सृष्टि की भावना की और सबसे पहले त्रिया की योनियों में उत्पन्न होने वाले जन्तुओं का सृजन किया। उसके बाद देवों, मनुष्यों और नागों की उत्पत्ति हुई। फिर दक्ष प्रजापति उत्पन्न हुए और उनसे मनुष्यों की उत्पत्ति हुई। मनुष्यों के चार वर्ण किए गए-ब्राह्मण, क्षत्रिय, वैश्य और शूद्र और इसी रूप में उनके द्वारा कर्मों का निर्धारण भी किया गया। इस तरह प्रजापति ब्रह्मा ने स्वयं को सब जीवों का स्वामी बना लिया।

हमार भारत वर्ष जम्बू द्वीप के अन्तर्गत उत्तर में हिमालय और दक्षिण में विंध्याचल के मध्य का प्रदेश है। यह प्रदेश शुभ और अशुभ कर्मों का फल देने वाला है। यह कर्म-भूमि भी है और भोग भूमि भी। यहां पर उत्पन्न होकर मनुष्य अपना जीवन सफल करते हैं।

जो मनुष्य भगवान विष्णु की सेवा करते हुए अन्यों की सेवा भी करता है वह वास्तविक और सच्चा भारतीय होता है। इस देश में करोड़ों पुण्य करने के बाद ही जन्म मिलता है। यहां सब प्रकार की ऋतुएं हैं और किसी भी प्रकार का भय नहीं। यहां की महिमा विचित्र है और यहां पैदा होने वाला स्वतः ही भगवान का अनुरागी हो जाता है। इस देश की एक विशेषता है कि यहां भगवान के अवतारों का तत्त्व और उससे जुड़े हुए अनेक ज्ञान-प्रबोध उपलब्ध है। इस देश का सम्पूर्ण वातावरण आध्यात्मिकता और शांति से परिपूर्ण है।

भारत में भगवान के भक्तों के दर्शन करने से ही अनेक पुण्यों का फल मिलता है और पूर्व जन्म के पाप भी नष्ट हो जाते हैं। इस भारत-भूमि में सुख-दुख को समान

माना जाता है और परस्पर सहयोग की भावना सबसे अधिक है। यद्यपि गंगा का महत्त्व बहुत अधिक है और वह पापों से मुक्ति दिलाने वाली पूज्य सुरसरि है किन्तु वैष्णव भक्त को, जो विष्णु के चरणामृत का पान करता है, उसे गंगा में नहाने की आवश्यकता भी नहीं पड़ती। यहां पर सत्संग का बहुत महत्त्व है। सत्संग के साथ थोड़ा-सा किया गया कार्य भी बहुत महत्त्व देने वाला होता है।

इस दुखी संसार में भक्ति भाव से मनुष्य आत्म-संतोष और सुख पा सकता है। भगवान की भक्ति वह सरल उपाय है जिसमें कुछ व्यय नहीं होता। मन को शांति मिलती है। यह सुनकर जैमिनी ने कहा कि मुझे यह बताइए कि भगवान के भक्त-वैष्णव के लक्षण क्या हैं और उन्हें कैसे पहचाना जा सकता है? जैमिनी का प्रश्न सुनकर मधु कैटभ का वृत्तांत सुनाते हुए व्यास ने कहा कि जब मधु और कैटभ का वध करने के बाद विष्णु ने ब्रह्मा को निश्चिंत कर दिया तो ब्रह्मा के समाधान के लिए जो विष्णु ने कहा, वहीं मैं तुम्हें बताता हूं।

जब कल्प का अन्त हो जाता है तो नारायण रुद्र का रूप धारण करके इस सारे जगत का संहार करते हैं। फिर स्वयं अकेले रहकर योग निद्रा में सो जाते हैं यह सारा भूमण्डल उनके सो जाने पर जल से भर जाता हैं। इस समय शेष की शैया पर सोने वाले भगवान की नाभि से उत्पन्न ब्रह्मा उन्हीं के चरण-कमलों का ध्यान करते हैं। पुराने समय की बात है कि भगवान विष्णु के कानों के मैल से उत्पन्न मधु और कैटभ दो राक्षसों ने ब्रह्मा को मारना चाहा। तब ब्रह्मा ने योग-निद्रा का स्तवन किया। वह प्रकट हुई और उसने पूछा कि ब्रह्मा की इच्छा क्या है। ब्रह्मा ने मधु-कैटभ के द्वारा अपने वध की आशंका प्रकट की और कहा कि वह अपनी माया से इन्हें परास्त करे। योग-माया के उधर आने के कारण विष्णु जाग पड़े और उन्होंने अन्तरिक्ष में उन दानवों से सहस्र वर्षों तक युद्ध किया किन्तु दोनों दैत्य पराजित नहीं हुए। अन्त में दोनों दैत्य योग माया से विमोहित हो गये और विष्णु को वर मांगने के लिए कहने लगे। विष्णु ने उनके वध करने का वर मांगा तो दैत्यों ने कहा कि उनका वध वहां किया जाए जहां पर जल न हो। भगवान को कहीं निर्जला भूमि दिखाई नहीं दी तब उन्होंने दोनों दैत्यों को अपनी जांघ पर बिठाकर सुदर्शन चक्र से मार डाला।

दोनों दैत्यों के वध के बाद ब्रह्मा निश्चिंत हो गये। उन्होंने विष्णु की पूजा की और यह कहा कि आप सदैव उनकी रक्षा करते रहें। इसके बाद भगवान व्यास ने कहा कि मैं अब तुम्हें वैष्णव भक्तों के लक्षण बताता हूं। भगवान ने एक बार ब्रह्मा को बताया था कि जिन वैष्णव पुरुषों के मन में मेरा निवास रहता है वे मेरे सच्चे भक्त होते हैं और उन पर कोई आपत्ति नहीं आती।

यह सारा संसार वैष्णवों के अधीन है। वैष्णव ही सर्वोपरि मनुष्य हैं और मैं उन्हें एक क्षण के लिए भी नहीं छोड़ता। भगवान नारायण ने कहा कि वैष्णव वही है–

1. जो काम-वासना, क्रोध और मोह से रहित हो।
2. जो अहिंसक हो और मन-वचन-तन से किसी को कष्ट न पहुंचाए।
3. दम्भ और पाखण्ड से रहित हो।
4. सब को समान दृष्टि से देखने वाला हो।
5. मद और ममता से रहित हो।
6. दूसरे की उन्नति से ईर्ष्या न करने वाला हो।
7. दूसरे जीवों को सुख पहुंचाने वाला और दया करने वाला हो।
8. अपने गुरुओं की सेवा करने वाला हो।
9. विष्णु और शिव में भेद न मानने वाला हो।
10. परधन और परस्त्री पर दृष्टि न रखने वाला हो।
11. वेद विद्या के दिव्य ज्ञान को कहने और सुनने वाला हो।

वैष्णव भक्त ऊपर कही गई सारी विशेषताओं से युक्त होता है और वह हरि का कीर्तन करते हुए देवस्थान कुएं आदि का निर्माण कराता है या कराने वालों के प्रति श्रद्धाभाव रखता है। तुलसी की माला गले में डालता है और यथास्थान शालिग्राम शिला की स्थापना करता है। जो मनुष्य टूटे-फूटे मन्दिरों का पुनः उद्धार करता है और डरे हुए को अभय देता है–भूखे को अन्न, प्यासे को पानी और स्थान से हीन को स्थान दान करता है तथा गाय की सेवा करता है। अपने परिवार में माता-पिता का सम्मान करता है, वह परम वैष्णव होता है।

हे मुनि! इस तरह ब्रह्मा को वैष्णवों के लक्षणों का परिचय कराते हुए भगवान विष्णु ने उन्हें फिर से सृष्टि-रचना का आदेश दिया और अपने ध्यान में लीन हो गये। ब्रह्मा ने भी भगवान की आज्ञा का पालन करते हुए सृष्टि-रचना की प्रक्रिया का विकास किया।

एक बार भगवान विष्णु के अवतार श्रीकृष्ण से उनके भक्त अर्जुन ने पूछा कि हे प्रभु! आपकी कितनी गोपिकाएं और प्रेमिकाएं है, मुझे आप इनकी संख्या और नाम बताने की कृपा करें। यह भी बताएं कि ये कहां रहती हैं और आप किस रूप में इनके साथ विहार करते हैं। अर्जुन के मुख से यह प्रश्न सुनकर श्रीकृष्ण बोले कि हे भक्त! मेरे विहार और स्थान को सामान्य पुरुष मेरा भक्त कोई नहीं देख सकता और समय आदि का पता भी नहीं चल सकता। यदि मैं तुम्हें बताऊं तो तुम दर्शन करने की इच्छा व्यक्त करोगे पर तुम दर्शन नहीं पर पाओगे। जब अर्जुन ने भगवान से यह

सुना तो उसके मन में सब कुछ जानने की भी इच्छा बढ़ गई। उसने भगवान के चरणों में गिरकर उनसे अपनी जिज्ञासा का समाधान जानना चाहा। उनके अत्यन्त आग्रह को देखकर भगवान कृष्ण ने उन्हें आदेश दिया कि वे त्रिपुर सुन्दरी का ध्यान करें। उनके आदेश का पालन करते हुए अर्जुन ने प्रसन्न मन से त्रिपुर सुन्दरी की अर्चना करते हुए उनकी पूजा की और तब प्रसन्न होकर देवी ने उन्हें दर्शन दिया। अर्जुन ने उन्हें अपना अभीष्ट बताया तब देवी ने उनसे कहा कि तुम इस सरोवर में प्रवेश कर जाओ। अर्जुन उस सरोवर में प्रविष्ट होते ही स्त्री रूप हो गये और उनका नाम हरिवल्लभा हो गया। हरिवल्लभा के रूप में उन्होंने भगवान की प्रेम-पीड़ाओं के दर्शन किए और उन्हें देखकर उनका जीवन धन्य हो गया। जब उन्हें फिर से सरोवर में स्नान करने का आदेश मिला तो वे फिर से नहाने के बाद अपने वास्तविक अर्जुन रूप में बदल गये फिर भगवान को अपने सामने देखा। वे जैसे स्वप्न से जागृत व्यक्ति के समान मुग्ध हो गये।

इसी तरह से एक बार महर्षि नारद भी श्रीकृष्ण की सेवा में आए और उनसे वृन्दावन धाम के विषय में पूछने लगे। श्रीकृष्ण ने कहा वह मेरा अपना परम-धाम है और वहां के निवासी मरकर भी मेरी समीपता पाते हैं। वृन्दावन की गोप वधुएं मेरी योगिनियां ही हैं। इस वन में युग-युग से मैं आता-जाता रहता हूं। जब नारद ने वृन्दावन के दिव्य स्वरूप को देखना चाहा तो भगवान ने ब्रह्मा को यह कार्य सौंपा। ब्रह्मा के कहने पर नारद ने जैसे ही स्नान के लिए एक सरोवर में प्रवेश किया वैसे ही वे स्त्री रूप हो गये और अत्यन्त मोहक तथा सुन्दर आभूषणों से अलंकृत हो गये फिर एक देवी ने योषित रूप धारी नारद को वृन्दावन की परिक्रमा कराई और फिर कृष्ण के पास लेकर आई। नारद ने वहां भगवान कृष्ण के गोपी रूप को देखा और धन्य हो गये। इसके बाद वे पुनः एक सरोवर में प्रवेश हुए और अपने वास्तविक रूप में आ गये।

शिव ने इतना आख्यान सुनाकर कहा कि भगवान के विहार और उनके विहार-स्थल का परिचय उनकी कृपा से ही होता है। जब तक जीव में पुरुष का भाव रहता है और उसकी वासना में कलुषता रहती है तब तक वह भगवान के वास्तविक रूप को नहीं जान पाता। भक्ति के सरोवर में डुबकी लगाते ही उनमें गोपी-भाव जाग जाता है। तत्त्व ज्ञान भी हो जाता है। फिर उसे भगवान से सम्बन्धित किसी भी तत्त्व की जानकारी मिलनी शेष नहीं रहती।

भगवान शंकर और पार्वती के बीच नारद ऋषि वहां पहुंचे और उन्होंने महादेव से पूछा कि भगवान श्रीकृष्ण ने वृन्दावन में जो भाव-लीला की उस भाव-लीला का परिचय देने की कृपा करें। नारद का प्रश्न सुनकर भगवान शंकर ने कहा कि मैं तत्व-रूप में इस लीला को मुख्य नहीं मानता। क्योंकि स्वयं नन्दा देवी ने एक बार

इस विषय में मुझे बताया था। वह मैं तुम्हें बताता हूं। वृन्दावन पचास कुंजों से सजा हुआ स्थान है। वहां पर कल्पवृक्ष के कुंज में रत्नमय प्रासाद है। वहां राधा और कृष्ण आलिंगन में बद्ध निवास करते हैं। जब प्रातःकाल होता है तो आस-पास के पक्षियों की मधुर आवाज सुनकर वे उठते हैं और फिर सखियां उनकी सेवा करती हैं। प्रातःकाल उठने के बाद नित्य कर्म से निवृत होकर कृष्ण दूध दोहन का काम करते हैं और फिर माता-पिता की अनुमति लेकर मित्रों के साथ गऊ चराने के लिए चल देते हैं। राधा भी पूजा करने के बहाने वन में पहुंचती है और वहां कृष्ण से पुनः मिलती है। यहां पर कृष्ण लीला करते हैं, बांसुरी बजाते-बजाते राधा को ढूंढ़ते हैं। उनके इस कार्य पर सखियां हंसती हैं किन्तु फिर दोनों एक वृक्ष के नीचे बैठकर आराम करते हैं।

संध्या समय अपनी गउओं को लेकर वे फिर एक-दूसरे को देखते हुए घर लौटते हैं। कृष्ण के लौटते हुए नगर की स्त्रियां घर का काम छोड़कर रास्ते पर खड़ी हो जाती हैं और बांसुरी बजाते आते हुए श्रीकृष्ण का स्वागत करती हैं। इस प्रकार युगल किशोर की लीला देखकर सारे वृन्दावन निवासी प्रसन्न होते हैं।

श्रीकृष्ण की लीला के विषय में सुनकर नारद तो चले गये लेकिन भगवती पार्वती उनके प्रेममय स्मरण में समाधिस्थ हो गई। कुछ देर बाद शिवजी ने उन्हें जगाया लेकिन उसके बाद भी वे राधा-कृष्ण के दिव्य रूप का स्मरण करती रहीं।

जैमिनी ने पूछा कि भगवान की पूजा किस प्रकार से करनी चाहिए क्योंकि विधि-विधान से की गई पूजा ही उत्तम फल देती है। यह सुनकर व्यास जी ने उत्तर दिया कि भगवान नारायण की पूजा के लिए मूल रूप से भक्ति-भावना होनी चाहिए। जनार्दन का भजन करते हुए श्रद्धा-भाव की कमी न हो तो कोई भी विधि-विधान रुकावट नहीं डालता। भक्ति ही मोक्ष देने वाली है। बाकी सारे विधि-विधान भक्ति रूपी वृक्ष की शाखाएं और फूल-पत्र आदि हैं जो भक्ति के अभाव में भगवान की पूजा करता है वह वृक्ष के जड़ को न सींचकर पत्तों और शाखाओं के हरा-भरा रहने की आशा करता है।

भगवान की भक्ति का विधि-विधान बहुत सरलता में यह है कि प्रातःकाल सूर्य के उदय होने से पहले ही उठ जाना चाहिए और उत्तर दिशा की ओर जंगल जाते हुए मौन अवस्था में ही शौच कर्म करना चाहिए फिर अपने हाथ-पैर धोते हुए पीपल, आंवला, कीकर, नीम किसी की भी दातून करनी चाहिए। और इसके बाद स्वच्छ वस्त्र धारण करते हुए भगवान हरि का स्मरण करते हुए मन्दिर जाना चाहिए।

भगवान के मन्दिर में प्रवेश करके भगवान से प्रार्थना करनी चाहिए कि वे निद्रा त्याग कर भक्त की ओर देखें और फिर उनका हाथ-मुंह धोने के लिए उनकी शैया

के पास जल अर्पित करना चाहिए। फिर देव मन्दिर को साफ करके भगवान को नहलाना चाहिए। उसके बाद पितृ-तर्पण करके अपने घर लौट जाना चाहिए।

इस सरल विधि-विधान को सुनकर जैमिनी को बहुत हर्ष हुआ। इसके उपरांत उन्होंने पूछा कि प्रत्येक युग में मनुष्य की मनोवृत्ति विभिन्न रूप में क्यों हो जाती हैं और कलियुग में दुष्ट मनोवृत्ति के परिष्कार का उपाय क्या है? यह सुनकर व्यासजी बोले कि कलियुग में असत्यता, हिंसा, दम्भ वाले लोग अधिकतर दुःखी रहते हैं। सतयुग में इसके विपरीत सभी प्राणी सत्य बोलने वाले, दयालु, परोपकारी और वेदज्ञ होते हैं। क्योंकि सतयुग धर्म के चारों चरणों से युक्त होता है। इसलिए उसमें पाप नहीं होता। फिर त्रेता, द्वापर युग में धर्म का एक-एक चरण कम हो जाता है। कलियुग में धर्म का एक ही चरण रहता है इसलिए सारी वर्णाश्रम की व्यवस्था नष्ट हो जाती है।

कलियुग में अनेक पाप कर्मों के फलस्वरूप वर्षा में कमी होती है और अकाल की स्थिति आ जाती है सुन्दर और पुष्टकारक भोज्य पदार्थों का अभाव होता है। तरह-तरह के उपद्रव होते हैं और प्राणी धर्म को त्यागकर अर्थ की चिन्ता में लगे रहते हैं। आगे भगवान व्यास ने कहा कि कलियुग अनेक कारणों से घोर युग कहा जाता है। लेकिन एक बात बहुत अच्छी है कि कलियुग में -सतयुग, त्रेता और द्वापर युगों जैसा समय नहीं लगता। वहां पर एक दिन और एक रात की साधना में ही भगवान की भक्ति का फल मिल जाता है। व्यासजी ने कहा कि अब तुम केवल हरि गुण के महत्त्व को समझों क्योंकि कलियुग में मन की पवित्रता और भगवान के गुणगान से ही सब कुछ प्राप्त होता है। यह सुनकर जैमिनी ने क्रिया योग में रत होकर उच्च पद को प्राप्त किया।

□□□

उपसंहार

इस प्रकार नैमिषारण्य में महात्मा उग्रश्रवा ने यह सारा पद्मपुराण ऋषियों को सुनाया और उनके मन और वाणी को पवित्र किया। सूतजी ने पद्मपुराण के फल के विषय में भी ऋषियों को बताया।

उन्होंने कहा कि पद्म पुराण में भगवान विष्णु और कृष्ण की भक्ति भावना का प्रतिपादन किया गया है। गीता के अठारह अध्यायों का महत्त्व और भगवान विष्णु के अवतारों की विस्तार से चर्चा सुनकर प्रत्येक भक्त का मन पवित्र हो जाता है। पवित्र मन से जो लोग पद्म-पुराण का पठन-पाठन करते हैं वे मुक्ति को प्राप्त करते हैं।

पुराण का श्रवण और पठन करने के लिए भगवान के नाम उच्चारण के साथ मन की पवित्रता भी आवश्यक है। 'ओम नमो भगवते पद्म पुराणाय नमो नमः' का पूजन करते हुए भक्त को गायत्री का जाप करके इस ग्रंथ पर पुष्प आदि विसर्जित करना चाहिए।

श्रद्धालु भक्त कभी भक्ति के आराध्य और भक्ति के माध्यम पर शंका नही करता। क्योंकि शंका से हृदय अपवित्र हो जाता है। जब तक मन में संदेह रहता है तब तक मनुष्य कार्य को सिद्ध नहीं करता।

पुलस्त्य ने सूतजी के द्वारा सुनाई गई पुराण को कहा और इस कथा को ऋषियों को सूतजी ने सूचित करते हुए उन्हें स्पष्ट किया कि ब्रह्मा के आदेश से ही पुलस्त्य भीष्म के पास आए थे और उन्होंने पुराण सुनाया था। जो पुराण उन्होंने वहां सुनाया उसी का वाचन हुआ है।

□□□